Fast alles über Cartoons

Mit einer kleinen Rezeptsammlung zum Witzfigurenzeichnen und vielen Beispielen bekannter Cartoonisten

Tonie Meilhamer

Otto Maier Ravensburg

CIP-Titelaufnahme der Deutschen Bibliothek

Meilhamer, Tonie:
Fast alles über Cartoons: mit e. kleinen Rezeptsammlung zum Witzfigurenzeichnen u. vielen Beispielen bekannter Cartoonisten / Tonie Meilhammer. - Orig.-Ausg. - Ravensburg: Maier, 1989
ISBN 3-473-48019-3

Originalausgabe

Umschlag: E. Drechsel / T. Meilhamer
Satz: Fotosatz Ruderer, Grünkraut
Gesamtherstellung: Himmer, Augsburg
Printed in Germany

92 91 90 89 4 3 2 1

ISBN 3-473-48019-3

Inhalt

car-toon-car-toon

oder was ist ...

EIN CARTOON?

ALSO, DAS IST WAS GANZ KOMISCHES...

EIN CARTOON IST UNGEFÄHR SO GROSS...

UND MEISTENS SCHWARZ-WEISS...

...UND SO FLACH

ABER AUF KEINEN FALL IST ER PLATT!

ODER WARTEN SIE... MEIN ALTES ENGLISCH-WÖRTERBUCH SAGT ZUM BEISPIEL:

car·toon [kɑːˈtuːn] **1.** *paint.* Kartoˈn *m;* ⊕ Musterzeichnung *f;* Vollbild *n, bsd.* Karikatuˈr *f;* **2.** karikieren.

aus: Langenscheidts Taschenwörterbuch, Berlin-Schöneberg, 1960

EIN CARTOON IST ALSO

erstens

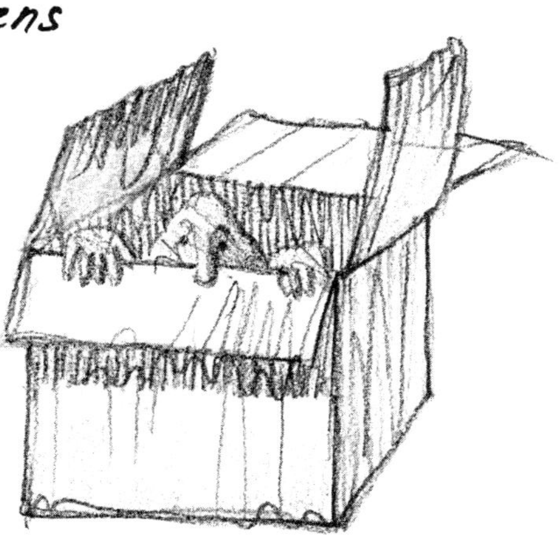

EIN KARTON

zweitens

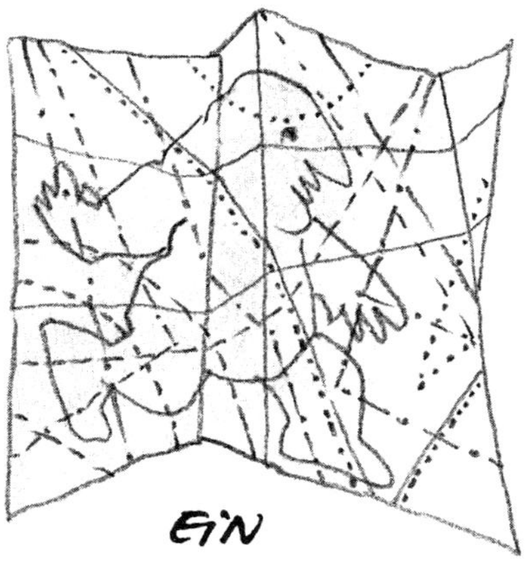

EIN SCHNITTMUSTERBOGEN

drittens

EIN BILD – VOLL MIT MENSCHEN WIE DU UND ICH

Cartoon – Cartoon oder: Was ist ein Cartoon?

Haben Sie schon mal versucht, zu bestimmen, was das ist, ein Cartoon? Nein? Ich auch nicht. Ein Cartoon ist ein Cartoon, nicht wahr. Und schlafende Hunde soll man nicht wecken. Schlafende Hunde? Nun ja, wer gäbe einem schon die Gewähr, daß nicht hinterher alle diesbezüglich Engagierten über einen herfallen würden, wenn man es nun gewagt hätte? Den Cartoon zu definieren meine ich... Handelt es sich doch um einen ungemein sensiblen Gegenstand, der eigentlich gar nicht mit Worten beschrieben werden kann, weil er doch gar nicht zu fassen oder zu greifen ist. Ein Cartoon ist schließlich was ganz Ungewöhnliches, er ist so was wie eine kleine Störung im Getriebe des Alltags, eine Art Ungereimtheit, Ungehorsam vielleicht sogar, oder eine kleine Ungehobeltheit... Ein Cartoon ist dieses oder jenes, unser tägliches Brot, nein eher der Bericht über unsere tägliche Not, unsere Brötchen und Nötchen... Möge der diesbezüglich gebildete Leser seine eigenen Ergänzungen anbringen, gleich hier nachstehend bitte, damit eben Gesagtes auf der Stelle revidiert werden kann, der schlafenden Hunde wegen, Sie wissen schon.
Vielen Dank!
Ein Cartoon ist:

Aber schließlich gibt es auch zum Begriff Kunst keine allgemeingültige Definition, nur Definitionen, die gibt es massenhaft, von jeder Kunstrichtung jeweils extra ganz neu bestimmt.
Dies zumindest haben die Cartoons gemeinsam mit der großen Kunst. Denn schließlich gibt's auch im Cartoon verschiedene Richtungen, einfache Witzzeichnungen beispielsweise oder die Karikatur, Satire oder Nonsens bis hin zum Comic, der sich ebenfalls gern als Cartoon ausgibt.
Parallelen also zur großen Kunst? Oje, die Hunde blinzeln schon!
Vielleicht sollten wir es doch lieber bei der kleinen Kunst belassen: Kleinkunst, das könnte doch hinkommen. Die Kleinkunst nicht der Satiriker und Kabarettisten, sondern die der Zeichner...
(Und wetten, daß es unter den Anhängern der Kleinkunst jede Menge Cartoon-Fans gibt – und umgekehrt?)
Bleibt immer noch die Frage, was man jemandem für Tips und Hilfestellungen geben kann zum Cartoon-Zeichnen. Eine Rezepte-Sammlung zum Nachmachen? Das wäre wohl – abgesehen von der Unmöglichkeit eines solchen Vorhabens – nicht legitim: Es kann keine Rezepte geben für gute Cartoons, weil es einfach tausend verschiedene Wege dazu gibt und weil zunächst die Idee entscheidend ist. Genauso wie niemand den jungen Kunststudenten sagen kann, wo sie beginnen sollen, sondern immer nur, wo sie weitermachen könnten...
Was bleibt, sind ein paar handwerkliche Kniffe, zum Figurenzeichnen zum Beispiel oder zur Gesamtkonzeption. Und natürlich die Beispiele der „großen Meister" des Cartoons.

Hoffnungsloser Fall

e.o. plauen

Die Anfänge

Wie die Karikatur und die Comics sind auch die Cartoons mit den großen Zeitungen und Zeitschriften groß geworden als eines der wirksamsten Mittel, um die Leser an ihr Blatt zu binden. Auch heute sind die großen Tageszeitungen kaum vorstellbar ohne ihre Hauscartoonisten wie zum Beispiel die „Süddeutsche Zeitung" mit Eric Liebermann, Jules Stauber, Tomaschoff, u. a. auf ihrer „letzten Seite" – ebenso wie viele Zeitschriften und Illustrierten nicht ohne sie auskommen wollen: der „Stern" mit Tetsche, Papan und Markus, „Brigitte" mit Jutta Bauer und Fritz Wolf, „Emma" mit Franziska Becker…

Weil Cartoon und Comic sowohl voneinander als auch von der Karikatur gelernt und die einen oder anderen Stilmittel der Nachbargattung übernommen haben, sind die Grenzen oft fließend. Aber während die Comics mit ihren oft endlos langen Fortsetzungsgeschichten eine enge Beziehung zur Produktwerbung auch anderer Branchen pflegten, blieben die Cartoons der Satire und der Karikatur verpflichtet.

Schon deshalb wurden die Cartoons in der nächsten Ausgabe ihrer Zeitung zumeist nicht einfach fortgesetzt, sondern bestenfalls wieder aufgenommen mit einem neuen, in sich abgeschlossenen Paneel. Mit dem Verzicht auf einen sich fortsetzende Geschichte verbinden sich automatisch eine Reihe von Besonderheiten, die speziell dem Cartoon eigen sind. Dazu zählen zum Beispiel die Notwendigkeit einer Pointe bzw. eines Gags an Stelle einer spannenden Story, die Öffnung des strengen Schemas der Comic strips auch für die Witzzeichnung, das mehrteilige Paneel, oder auch die Beschränkung auf eine bloße Randverzierung.

So entstanden wohl schon sehr früh satirische Zeitschriften in Deutschland, wie zum Beispiel die „Fliegenden Blätter" 1844 – ca. 1925, für die u. a. Carl Spitzweg und Wilhelm Busch gezeichnet haben, oder der „Simplizissimus" in München, der von 1896 bis zu seiner endgültigen Einstellung 1967 mehrere Wandlungen durchlief und für den u. a. Olaf Gulbransson, Thomas Theodor Heine, Franziska Bielek und Manfred Oesterle gearbeitet haben.

◁ *Erich Ohsers (Pseudonym: e.o. plauen) „Vater und Sohn" gehören zu den ersten Cartoons in Deutschland (ab 1932), die sich mit den Dingen des Alltagslebens beschäftigen. Einige Jahre später konnte Ohser unter dem NS-Regime diese harmlosen Geschichten nicht mehr ohne Pseudonym veröffentlichen – geschweige denn seine politischen Karikaturen.*

▷ *Als Paradebeispiel für einen Grenzfall zwischen Cartoon und Comic können die „Peanuts" von Charles M. Schulz gelten, die eigentlich als Comic gehandelt werden und doch aus einer endlosen Aneinanderreihung von Cartoons bestehen (seit ca. 1950).*

Charles M. Schulz

▽ *Olaf Gulbransson war einer der prägnantesten Zeichner des Simplizissimus. Seine Zeichnungen entlarven mit beißendem sozial- und zeitkritischem Witz die starren Gesellschaftsformen seiner Zeit – wie hier in einer Illustration für Ludwig Thomas „Lausbubengeschichten".*

Olaf Gulbransson

Später erschienen „Pardon" mit den Zeichnern Robert Gernhardt, Hans Traxler, F. K. Waechter u. a. sowie die Jugendzeitschrift „Twen" und in heutiger Zeit die „Titanic", für die beispielsweise F. K. Waechter, Clodwig Poth, Reiser u. a. zeichneten. Diese Zeitschriften lebten (und leben) von der Satire – und dementsprechend erhielten die Cartoons mehr Platz zugewiesen, als es in anderen Zeitungen und Illustrierten der Fall war. Damit starteten die Cartoons eine neue Entwicklungsphase, die vorläufig wohl ihr Ende im sogenannten Cartoonbuch gefunden hat. Seitdem ein breites Publikum Interesse an dieser Form des Witzes bekundet, regnet es Cartoonbücher, nicht nur von renomierten Zeichnern wie Ungerer, Mordillo, Bretécher, Mercks oder Loriot, um nur einige zu nennen.
Nach wie vor sind aber Cartoons nicht wie die Massen-Comics fließbandmäßig herstellbar, denn auch ein noch so professioneller Stab von versierten Cartoonzeichnern könnte nicht Woche für Woche die dazu notwendigen Ideen produzieren. Eben darum hat ein Neuling heute gute Erfolgschancen, gerade auch dann, wenn es um unbequeme Themen geht.

Horst Haitzinger

»Und jetzt nehmt euch ein Beispiel an diesem Papier und seid bitte ebenso geduldig!«

◁ Politiker-Karikaturen wie die von Horst Haitzinger, mit dem übergeordneten Thema „Umwelt", nehmen in aller Regel Stellung zu aktuellen Tagesthemen. Viele der besten und treffsichersten Karikaturen bleiben deshalb nicht nur „Eintagsfliegen", sondern haben Sammelwert, denn anhand ihrer chronologischen Aufreihung lassen sich geschichtliche Tatsachen und Abläufe sehr wohl auch nachträglich darstellen.

▷ Marie Marcks ist zweifellos eine der gefragtesten Karikaturistinnen unserer Zeit, die viele gesellschaftlich allgemein relevanten Themen aufgreift, um sie sehr bewußt aus der Perspektive der Frauen zu betrachten. Viele ihrer Arbeiten gelten über längere Zeiträume und liegen schon näher am Cartoon als an der Karikatur.

Tomaschoff

◁ Karikaturen müssen durchaus nicht immer konkrete Personen des öffentlichen Lebens in den Mittelpunkt stellen – überhaupt, wenn es um längerfristig aktuelle Themen geht. Interessant ist übrigens an diesem Beispiel von Tomaschoff (in der Süddeutschen Zeitung) der Einsatz von Klebefolien, die der Zeichnung nicht nur Struktur, sondern auch einen gewissen Pfiff geben.

Marie Marcks

Über das Verhältnis von Cartoon und Karikatur

Von Anfang an pflegt der Cartoon eine enge Beziehung zur Karikatur und zur Satire sowie zu satirischen Zeitschriften – woraus allein sich schon ein anderer Leserkreis ergibt als bei den Abenteuergeschichten der Comic strips in den Tageszeitungen.
Ein Cartoon ist deswegen noch nicht dasselbe wie eine Karikatur, aber er ist doch mehr als eine einfache Witzzeichnung (siehe dazu: „Kleiner Exkurs über das Witzemachen", S. 14). Das Entscheidende dabei ist allein die Bezugnahme zur realen Welt, so wie sie in der einen oder anderen Form zum Ausdruck kommt – oder umgangen wird.
Die Karikatur ist darauf angelegt, Bezug zu nehmen auf aktuelle Geschehnisse aus Politik und Gesellschaft, nicht nur des Tages, sondern auch längerfristig allgemein relevanter Themen. Der Leser muß informiert sein über die Thematik, sonst bleibt ihm die Karikatur gänzlich verschlossen.
Der Karikaturist bezieht in Form der Zeichnung Stellung zu diesen Themen. Er betrachtet die betroffene Situation sowie alle Beteiligten, indem er sich belustigt – nicht immer im Sinne von parteipolitischer Auslegung, sondern oft – und meistens noch lieber – im Sinne seiner ganz persönlichen Einschätzung. Es ist seine Aufgabe, als Korrektiv zu wirken, sozusagen in seiner Rolle als Kabarettist des Zeichenstifts, und es gehört zu seiner Arbeit, Personen des öffentlichen Lebens und ihre Handlungen in der Öffentlichkeit auf seine Weise zu beleuchten. Da kann es schon mal vorkommen, daß ein Witz arg auf Kosten der karikierten Person geht, denn Schärfe und Bissigkeit fördern die Treffsicherheit. Trotzdem besteht kaum die Gefahr, daß eine Karikatur abgleitet bis jenseits der Grenzen zum Klatsch, der die Intimsphäre der Betroffenen verletzen würde. Denn nur was an einer Person des öffentlichen Lebens allgemein sichtbar und damit Gemeingut geworden ist, kann auch karikiert werden. Damit sind alle persönlichen Dinge des Privatlebens ausgeschlossen. Die sind auch gar nicht relevant für ein politisch interessiertes, mündiges Publikum.
Für Karikaturisten ist der Bezug zur Aktualität und zum öffentlichen Geschehen sozusagen heilige Pflicht. Ihre Arbeit ist das journalistische Produkt der Zeichner.
Der Cartoonist dagegen läßt sich gelegentlich schon mal darauf ein, der eine mehr, der andere weniger, doch letztlich kommt der Cartoon auch vollkommen ohne Tageszeitung aus, wenn's sein muß – wenngleich viele Zeitungen schlecht auskämen ohne die Cartoons.

Uderzo, Goszinny (1), Marvel Comics (2, 3), Walt Disney (4)

Comics sind Massenware

Die Helden der Comics sind gezeichnet wie maschinengesteuert. Da darf nichts hausgemacht aussehen. Kein Pinselstrich in der Farbfläche ist zu sehen, kein Bleistiftstrich, der nicht mit Tusche überzogen und getilgt worden wäre. Das ist keineswegs bloßer Perfektionismus, sondern vereinfacht die Reproduzierbarkeit der Comicfiguren für immer neue Abenteuer.

Comics setzen sich mit phantastischen Inhalten auseinander, die oft der Märchenwelt, der Allegorie, dem Abenteuergenre, auch der Sience-fiction oder den Gruselromanen entnommen sind. Die Bilder sollen so glaubhaft wie möglich erscheinen, um den Leser in ihre phantastischen Welten entführen zu können.
Der Schwerpunkt ihrer Gestaltung liegt auf der zeichnerisch möglichst perfekten Bewältigung von Bewegungsabläufen und den besonderen Stilmitteln des Comicstrips, die sich aus seiner Nähe zum Kinofilm ergeben. Das Comicheft könnte jederzeit zur Drehbuchvorlage für einen Zeichentrickfilm verwendet werden. Es beinhaltet bereits filmische Elemente wie die Bildfolge und den Bildausschnitt, arbeitet mit Totale, Zoom oder Weitwinkel.
Wichtigste Grundlage des Comickonzepts ist - wie im Film - eine spannende Story, die von der ersten bis zur letzten Seite serienweise von Gags begleitet wird. Die Tricks der Filmemacher kennen heute praktisch keine Grenzen und machen ihrerseits die Mittel des Comics zu den ihren - zum Beispiel mit phantastischen Gestalten wie Steven Spielbergs „E. T.", oder mit den Figuren aus der „Unendlichen Geschichte" nach Michael Ende. Filme wie diese sind eigentlich gespielte Comicgeschichten, die den Zeichenstift durch Trickfigur und Maske ersetzen.
Comics sind im allgemeinen Massenware (alles was hier darüber gesagt wird, bezieht sich nur auf diese). Heute noch stammt der Großteil der in Deutschland vertriebenen Comics aus den USA. Der „american way of life" manifestiert sich nicht nur an den rundherum perfekt und sauber zugeschneiderten Stories, sondern auch an den Methoden ihrer Herstellung. Die amerikanische Comicindustrie arbeitet spezialisiert bis ins kleinste Detail. Anders wäre eine gezeichnete Wochenzeitschrift gar nicht zu bewältigen. Die Hefte müssen langfristig angelegt werden, sie können schon aus Gründen ihres immensen Arbeitsaufwands nur wenig aktuell sein.
Das Comicheft ist in der Regel nicht das Produkt eines einzelnen, sondern das Werk von Teamarbeit - genauso wie beim Film.
Über allem regiert der strenge Formen- (und Sitten-) kodex des (amerikanischen) Comics, da gibt's wenig Bewegungsmöglichkeiten für einen Zeichner in der zweiten, dritten Reihe. Von daher ist es nicht weiter erstaunlich, daß es zum Thema Comic durchaus brauchbare Anleitungsbücher gibt - im Gegensatz zum Thema Witzzeichnung und Cartoon. Es ist nun mal verhältnismäßig einfach, genaue Vorschriften zum Aufbau und zum äußeren Erscheinungsbild des Comics aufzustellen.

Comics pflegen eine unmittelbare Nähe zum Film. Ihre Zeichnungen arbeiten wie hier in Uderzo und Goszinnys „Asterix“ mit filmischen Mitteln wie Totale, Nahaufnahme, Weitwinkel, Zoom usw.

Asterix gehört zu den in jeder Hinsicht anspruchsvolleren Comics. Seine Väter haben es verstanden, in ihm Geist, Kommerz und echten Witz miteinander zu verbinden.

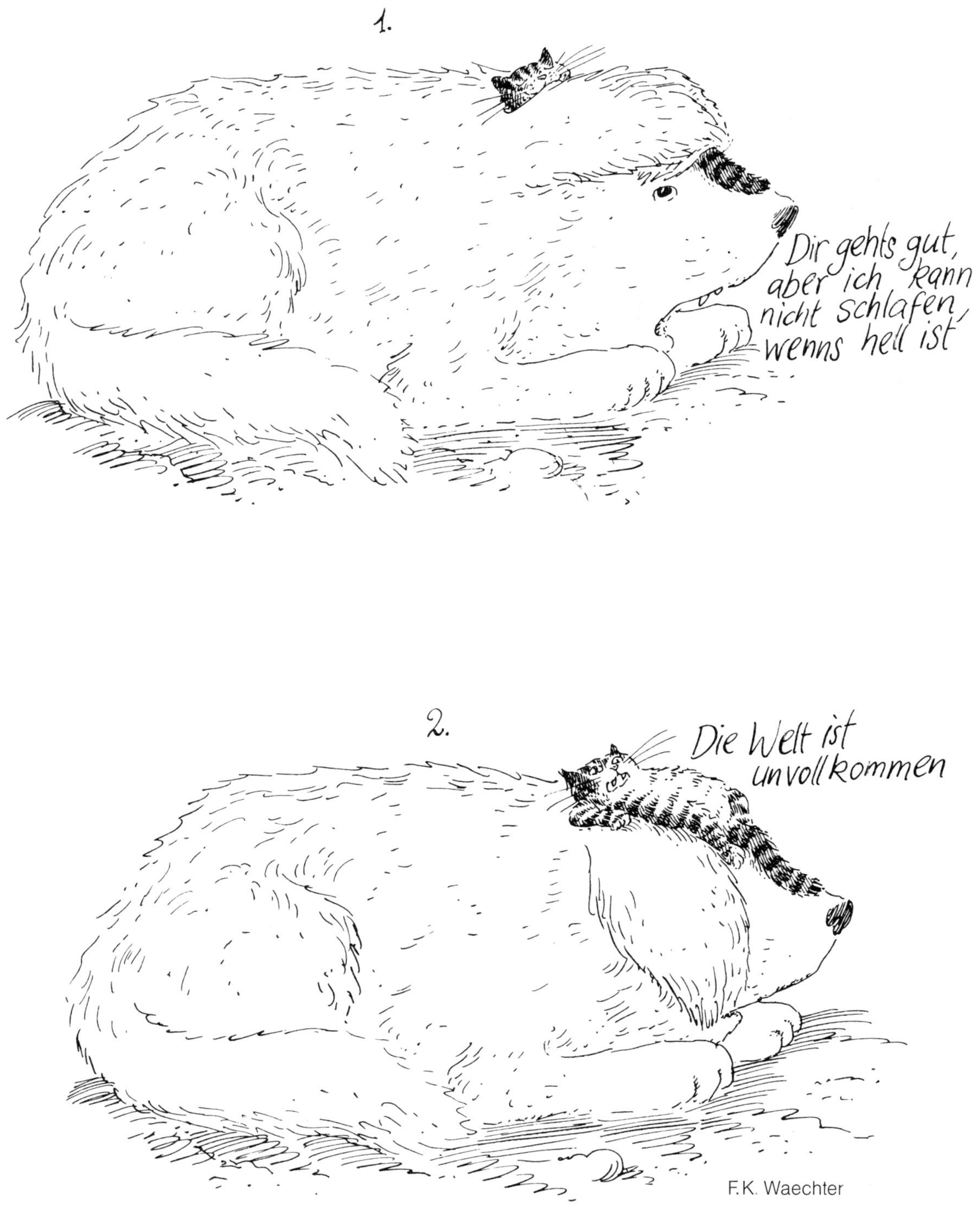

Mit diesem einfachen Cartoon von F. K. Waechter ist eigentlich alles auf den Punkt gebracht.

Die Welt des Cartoon ist unvollkommen

Der Mensch ist eitel - und besorgt um seine Speisekammer. Deswegen wird er nie funktionieren wie er soll, nicht einmal, wenn er selber gerne möchte...
Die Welt ist nämlich unvollkommen. Eben. Cartoons sind so weise, diese Tatsache anzuerkennen und mit ihr auch die Schwächen des Menschlichen hinzunehmen. Und sie sind ehrlich genug, auch einer gewissen Resignation darüber Raum zu geben.
Ein guter Teil des Weltverständnisses in den Cartoons ist damit schon bestimmt. Cartoonfiguren sind in der Regel weder Missionare, noch Revolutionäre (auch wenn sie es gelegentlich versuchen). Sie ertragen das Dasein - und den Menschen - mit Humor, nicht selten auf ihre eigenen Kosten. Das verlangt Toleranz in vieler Hinsicht: Über andere zu lachen ist nicht schwer - aber es ist auch nicht gebräuchlich in einem echten Cartoon. Cartoons beziehen Stellung für die Schwachen des alltäglichen Geschehens, indem sie ihre Schwächen teilen, sowohl was die Figurentypen betrifft, als auch ihre äußere, oft etwas nachlässig wirkende Form. Sie sind deshalb schlecht zu gebrauchen für politisch dogmatische oder kommerzielle Interessen: Es ist kein Staat mit ihnen zu machen. Am allerwenigsten in einem faschistischen oder dogmatischen System, wo die Unvollkommenheit der Welt geleugnet wird, indem man sie durch den Perfektionismus der politischen Strukturen einfach ersetzt. Das tausendjährige Reich des Hitler-Deutschland hatte keinen Platz mehr für Cartoons und Karikatur. Es förderte lieber die schlechten Witze über die Juden und andere rassisch, politisch oder ethnisch nicht genehme Bevölkerungsgruppen. Den „Simplizissimus" duldete es zum Beispiel nur noch als Alibi-Lieferanten für die angebliche Pressefreiheit.
Die Stärke von Cartoonzeichnern und Karikaturisten liegt in ihrer Fähigkeit zur Distanz. Sie betrachten die Dinge sozusagen aus der augenzwinkernden Warte des Hofnarren am Rande unseres Alltags und schaffen sich damit den nötigen Raum für ihre Arbeit. Sie haben halt etwas übrig für die kleinen Unzulänglichkeiten im Getriebe des Daseins. Dementsprechend ist das Understatement eines der ganz wichtigen Stilmittel des Cartoons. Das gilt auch für die Form der Zeichnung. Nicht Perfektion oder gar Perfektionismus ist das Mittel des Cartoons. Perfektionismus hat ja auch leicht etwas Pathetisches. Pathos aber ist mit Sicherheit genau das Gegenteil von dem, was Cartoons erreichen wollen. In diesem Punkt gibt es in keinem Fall Kompromisse. Das Genre der Comics dagegen öffnet sich schon mal auch für das Pathos - ebenso wie gelegentlich für den Kitsch. Denn nächstliegend zum Pathos ist der Kitsch - und dem wird sich ein echter Cartoon verweigern.
Perfektionismus, Pathos und Kitsch sind Elemente, die zusammengehören und mit denen allesamt das Medium Cartoon nichts Gemeinsames hat. Auch hierin unterscheidet sich der Cartoon vom Comic, und zwar radikal. Das läßt sich ohne große Schwierigkeiten schon an der äußeren Form ablesen.
Während die Comic-Macher unbedingt darum bemüht sind, die persönliche Handschrift des Vor-Zeichners soweit wie irgend möglich zu tilgen, zeichnen die Cartoonisten mitunter wild drauflos und lassen ihre erste Fassung einfach freimütig stehen, wenn es irgendwie vertretbar ist. Da gibt es Zeichnungen mit deutlicher Rechts- oder Linkslastigkeit (je nachdem, ob ein Rechts- oder Linkshänder gezeichnet hat). Die linkshändigen Comiczeichner dagegen stellen ihre Zeichnung zum Schraffieren auf den Kopf, um ihre Arbeitsrichtung zu kaschieren. Die Umrißlinien der Cartoons sehen häufig zittrig oder wackelig aus oder bestehen aus vielen kurzen Strichelchen, die den Zeichner sofort verraten. Manchmal bleiben sogar suchende Hilfslinien stehen, weil es dem Zeichner nicht wichtig erscheint, sie wegzuradieren, oder weil sie ihm reizvoll erscheinen. Vielfach franst eine Zeichnung aus, das heißt die Umrißlinien sind unterbrochen. Genau gezeichnet wird oft nur, wo es zum Verständnis unbedingt notwendig ist.
All das sind Manieren mancher Cartoonisten, die für traditionelle Comiczeichner undenkbar wären und die doch dem Cartoon wesentlich dabei helfen, Witz, Gag oder Pointe richtig ins Bild zu setzen.
Selbstverständlich macht sich das auch an den verwendeten Materialien bemerkbar. Es gibt Cartoons, die werden einfach nur mit Bleistift gezeichnet oder mit denkbar einfachem Schreibgerät wie Filzschreiber, Kugelschreiber oder (Zeichen-)Füller. Oder es wird fotografiert, collagiert und wieder darübergezeichnet. Cartoons sind auch dabei nicht festgelegt und brauchen sich nicht an die Vorschriften der Comicherstellung zu halten. Dort wird in der Regel mit Tusche, Rapidograph und Aquarellfarben gearbeitet, und zwar gestochen scharf und sauber, und die Vorzeichnung wird restlos getilgt. Die Welt des Comics nämlich ist vollkommen...

Kleiner Exkurs über das Witze machen

Wenn ein Witz „gut" ist, hat er mit Sicherheit irgend etwas aus seiner Ordnung gerückt, etwas ausgesagt oder behauptet, das ungewohnt, unrichtig oder sonstwie aus der Reihe lag - und wir lachen, weil wir es besser wissen und den Witz am Witz erkennen. Es wird gelacht, weil man sich einig ist.
Darum sagt nichts soviel aus über die Menschen, wie die Witze, über die sie lachen, wie schon ein altes Sprichwort sagt. Das bestätigt sich auch schon an so sonderbaren Kategorien von Witzen, wie zum Beispiel die Friesen- oder Bayernwitze: man weiß sofort, wer sich welcher Gruppe nicht zuzählt. Harmlose Witze sind natürlich meistens langweilig, auch darüber sind sich alle einig. Nur, manchmal wird einfach übersehen, daß es auch eine andere Sorte von Harmlosigkeit gibt, nämlich schlichte Belanglosigkeit. Belanglosigkeit aber ist eine Krankheit vieler Produkte schlechter Unterhaltungskunst, die nur noch anödet. Ein Witz in seiner ursprünglichen Bedeutung als das Ergebnis eines klugen und geistreichen Einfalls sollte eigentlich ganz automatisch gut sein. Trotzdem gibt es wahrscheinlich mehr schlechte als gute Witze. Die schlechtesten Witze sind nicht unbedingt die langweiligen (vielleicht konnte der Zuhörer nur nicht folgen) oder die „unanständigen" (vielleicht sind die Zuhörer zu prüde), sondern die absolut geschmacklosen, weil andere beleidigenden Witze. Das muß gar nicht persönlich gemeint sein, sondern kann sich ganz anonym gegen eine bestimmte Bevölkerungsgruppe richten. Der Witz an sich ist leider sehr gut korrumpierbar und arbeitet im Dienste jeder Ideologie. Zwar hat die Geschichte den Deutschen (von deren Witz ist hier die Rede) einen gewissen Lernprozeß abgerungen in Sachen Witze machen. Man ist sensibler geworden auch mit den Witzen über rassische Gruppen und ethnische oder religiöse Minderheiten.
Aber noch immer wird das Witze erzählen leider oft verwechselt mit Witze reißen... daran hat sich nicht viel geändert.
In den meisten Fällen handelt es sich um Witze von Männern über Frauen, zum Beispiel über die böse Schwiegermutter, oder die ewig das Nudelholz schwingende Ehefrau, die Sekretärinnen - oder um die sogenannten „Herrenwitze".
Nicht zuletzt diese Sorte Witze ist es, die den echten Witz in Verruf bringt und deretwegen ein Zeichner von heute es vorzieht zu betonen, er zeichne „Cartoons" - auch wenn es sich um ganz normale Witzzeichnungen handelt. Genauso wie übrigens die Literaten: sie schreiben heute keine Witze mehr, sondern sie „machen" Satire, Nonsens, Sketche und sammeln Hunderte von Gags. Der Witz also hat ausgedient - und trotzdem wird keine von all diesen heute gebräuchlichen Sparten humoristischer Erzeugnisse jemals ohne den Witz auskommen.

Claire Bretécher

Das Witze machen geht leider immer noch oft auf Kosten der Frauen. Daß es auch anders geht, beweisen zum Beispiel die Frauen unter den Cartoonzeichnern von heute. Ihre Witzzeichnungen setzen sich in einer Form mit den Klischees der Frauenrollen auseinander, die ihre Tradiertheit aufdeckt, anstatt sie erneut als Tradition zu bestätigen.

GEHÖREN SIE AUCH ZU DEN LEUTEN,
DIE NUR POINTEN MÖGEN,
DIE HAND UND FUSS HABEN ?
BITTE SEHR!!
papan

HÖR AUF!
WARUM ? GUCKT DOCH KEINER!!!
DOCH!

WENN SIE MEHR ÜBER SICH WISSEN WOLLEN, DANN SETZEN SIE MAL DAS PUZZLE ZU=SAMMEN.
SIE H.
SIE JAN
ALLE BEISAMMEN
ABEN
ICHT
SIE HABEN ES WIRKLIC GETAN ?
papan

Papan

Gag, Trick und Klamauk

Wenn irgend etwas geeignet ist, den Witz in seiner alten Form aus den Unterhaltungsmedien zu verdrängen, dann ist das der Gag.
Der Gag ist eigentlich ein Element des Kinofilms und bedeutet soviel wie Ulk, plötzlicher Einfall, eine zündende Idee oder eine unerwartet komische Wendung, ein Klamauk mit viel Peng! Knuff! oder Zack! Entscheidend ist das Moment der Überraschung: Eine Szene oder eine Handlung tritt in eine neue Situation oder erhält einen effektvollen Schluß. Der Gag im Sinne von Effekt ist heute überhaupt das Mittel der Unterhaltungsmedien. Gags begleiten Kinofilme, Fernsehshows und Comicgeschichten vom ersten bis zum letzten Bild - je mehr Gags, desto sicherer das Erfolgskonzept.
Gags und Klamauk im Kinofilm, das heißt natürlich jede Menge Aufwand für technische Tricks. Nirgends lassen sich unerwartete Wendungen und Überraschungseffekte so perfekt erzeugen wie mit den Mitteln des Filmtricks. Filmklamotten, in denen ein schlechter Gag den nächsten jagt, zeugen nicht mehr von geistreichen Ideen, sondern von Kommerz. Denn Gags nutzen sich ab wie alte Witze. Wenn sie zu oft aufgewärmt und wieder aufgetischt werden, sind sie nicht mehr gut...
Zum Glück gibt es noch immer sehr vergnügliche Klamaukfilme, die es verstehen, Vergnügen und Kommerz in erfreulicher Weise miteinander zu verbinden, ebenso wie manche Comicgeschichten übrigens. Comics arbeiten ja ohnehin mit eigentlich filmischen Mitteln, wovon der Gag nur eines von vielen ist.

Auch die Cartoons arbeiten gern mit dem Gag - nur meistens nicht in dieser plakativen Weise. Cartoons bevorzugen den Gag im Dienst des Understatements, den leisen - aber um so verblüffenderen Gag. Es gibt im übrigen auch bei den Cartoons so eine Art Trick wie zum Beispiel das Guckloch mitten im Buch, oder den running Gag am Rande einer Zeitschriftenseite, oder auch den Mond, der plötzlich zu tief hängt, usw.
Mordillo zum Beispiel braucht den Grundstoff Papier plus Feder immer wieder, um die Grenzen zwischen Wirklichkeit und Vision zu verwischen. Warum auch sollte ein Leser Zweifel haben an der Lebendigkeit gezeichneter Figuren? Mordillo scheint andersherum zu fragen: Warum sollte der Leser so sicher sein um allzu Selbstverständliches?
Auch Tetsche, der wie Papan durch seine Cartoons im „Stern" bekannt sein dürfte, versteckt gern neben dem eigentlichen Witz ein paar Zusatzgags in der Gestaltung seiner Schauplätze. Meistens handelt es sich dabei um Gegenstände, die - völlig aus ihrem gewohnten Kontext gerissen - irgendwo im Raum untergebracht werden, wo ihre Funktion zweckentfremdet oder einfach auf den Kopf gestellt wird.
Ein Gag ist eben nicht nur eine Frage der Wirkung oder des Lacherfolgs, sondern auch mal ein kleiner Einfall aus dem Stegreif, eine improvisierte Nebenbemerkung. Oftmals wird der gut versteckte Gag gar nicht bemerkt, weil er einfach überlesen wird. Gags sind mitunter etwas für Leute, die bewußt auf die Nebenhandlungen achten - und nicht in erster Linie darauf warten, durch Vordergründiges geblufft zu werden.

Cartoons haben ihre eigenen Mittel zum Trick, indem sie sich der „zweiten Realität der Dinge" bedienen. Das geht zum Beispiel hier bei Papan ganz einfach, in dem er das Papier, auf dem seine Figur buchstäblich steht, miteinbezieht in den Inhalt seiner Pointen. Er versteht es mit Hilfe seiner Gags, den Leser so in die Bildhandlung und in die Pflicht des Gegenübers mit hineinzunehmen, daß die gezeichneten Figuren wahrhaftig lebendig werden - zumindest für die zwanzig Sekunden, die ein Leser damit beschäftigt ist. Solche Cartoons erlauben es dem Leser nicht, den Witz unbeteiligt zu überlesen. Indem er liest, wird er zum Voyeur oder zum Spielverderber, zur Zielscheibe des Gespötts durch die gezeichneten Figuren, kurz in jedem Fall zum Opfer der Satire.

Cartoon am Stiel

Wie gesagt, die Welt des Cartoons ist unvollkommen, das einzig Perfekte daran ist ihre Imperfektion. Daraus ergibt sich eine gewisse Stillosigkeit der Mittel: Cartoon läßt sich nicht festlegen, aber er macht sich jedes Stilmittel zu eigen. Es gibt im Prinzip überhaupt kein Zeichen- oder Schreibwerkzeug, noch irgendeine bildnerische Technik, die nicht auch im Cartoon mitverarbeitet werden könnte – und sei es nur in Form der Fotomontage.

Ein Cartoon hat eben manchmal Sprechblasen und manchmal keine, manchmal Text darunter, manchmal darüber, manchmal gar keinen. Manchmal beansprucht er nur eine Zeile, manchmal ein Bild, ein halbes Buch, und manchmal einen ganzen Kino(vor)film.

Es gibt für Cartoons keinen strengen Formenkodex wie für die Comics, noch dermaßen strenge Auflagen hinsichtlich der Moral. (Amerikanische Comics unterliegen ja, die Comics des Underground natürlich ausgenommen, einer weitgehenden Selbstzensur in diesem Punkt, die streng darüber wacht, daß beispielsweise Donald und Daisy Duck einander nicht zu nahe kommen.)

Das alles gilt für den Cartoon in unseren Breiten nicht in dieser strengen Form. Im Gegenteil, für eine große Zahl der erfolgreichsten unserer Cartoons ist die „Beziehungskiste“ eins der ganz großen Themen überhaupt.

F.K. Waechter

„Also gut, ich habe eine Brustbehaarung wie Afrika. Zum totlachen, was?"

F. K. Waechter ist einer der konsequentesten Verweigerer irgendeines durchgängigen Stilmittels. Seine Vielseitigkeit ist verblüffend groß – nicht nur zum Thema der „Beziehungskiste". Diese Eigenschaft dürfte ihn zu einem der besten und erfolgreichsten Cartoonisten hierzulande gemacht haben.

Heinz Langer

Papan

Cartoonfiguren sind Klischeefiguren

Der eigene Alltag lebt sich leichter, wenn es andere gibt, die auch ihre Schwierigkeiten damit haben oder gar noch unbeholfener sind als man selbst. Über sich selbst zu lachen, zeugt zwar vielleicht von edler Gesinnung, ist aber leichter, wenn man sich für den Teil des Opfers von einer Witzfigur vertreten lassen kann. Wahrscheinlich deshalb lacht das Fanpublikum von Cartoons am meisten, wenn es sich und seinesgleichen in den Cartoonfiguren wiederfindet.
Inzwischen gibt es bald für jede Gesellschaftsgruppe den maßgeschneiderten Cartoon, der ihren Alltag in Hunderten von einzelnen Situationen wiederspiegelt.

Peter Gaymann

Eric Liebermann

Paul Flora

Die Identifikation der Leser findet mit der Schilderung des Milieus statt, in dem sich die Figurentypen bewegen. Die Leser kennen die geschilderten Situationen – und die Typen – aus ihrer eigenen Umgebung und brauchen sich doch nicht unbedingt selber drin zu erkennen. Davor bewahrt sie das Klischee, ohne das ein Cartoon nun einmal nicht auskommt. Der Leser muß unterscheiden zwischen der summarischen Darstellung einer Witzzeichnung und der Wirklichkeit. Der Cartoonist dagegen *muß* verallgemeinern im Klischee, wie jede Karikatur und jede Witz-oder Comiczeichnung auch, um von seiner Zielgruppe verstanden zu werden.

Trotzdem haben die Cartoonfiguren der erfolgreichen Zeichner eine eigene Persönlichkeit, sprich: ihr ganz persönliches, auf sie zugeschnittenes Klischeebild, und tragen die individuelle Handschrift ihres Erfinders.
Sie sind die mehr oder weniger mißratenen oder gelungenen und daher um so mehr geliebten Kinder ihrer Schöpfer. Als solche treten sie in direkte Korrespondenz nicht nur mit ihren Urhebern, sondern auch mit den Lesern. Sie leben ein eigenständiges kleines Leben zwischen den Seiten von Zeitschriften und Cartoonbüchern – die Cartoonisten wissen das schon längst, und viele ihrer Leser wissen es auch.

Franziska Becker

Vom „Scribbeln“ zum „Inken“ und „Lettern“

Die meisten Cartoonzeichner führen sämtliche Arbeitsgänge der Herstellung selbst aus, einschließlich des Textes. Dazu ist es manchmal hilfreich, die Methoden der Comicbranche wenigstens im Ansatz zu kennen, vor allem dann, wenn es sich um die Gestaltung einer mehrteiligen Bildergeschichte handelt.
„Scribbeln“ und „Lettern“ sind gebräuchliche Vorgänge bei der Herstellung von Comiczeichnungen. Comics sind Massenware und werden wie eine solche hergestellt, bei spezialisierter Arbeitsteilung bis ins kleinste Detail. Da gibt es zum Beispiel einen Texter, einen Vorzeichner, einen oder mehrere Inker, die die Zeichnung „inken“, also mit Tusche nachziehen, einen Letterer, der den Text in gut lesbaren „Lettern“ einsetzt - wenn nicht ohnehin gesetzt wird, dann einen Redakteur und schließlich den Verleger. Es wurden Methoden entwickelt, um ein Produkt zu schaffen, das über lange Jahre für Fortsetzungsgeschichten und Hefte immer dasselbe Erscheinungsbild garantiert.
Manche Stories verlangen Handlungsabläufe vor gleichbleibendem Hintergrund. Dabei müssen die Figuren mehrfach dargestellt werden, in verschiedenen Positionen zwar, aber doch immer in der gleichen Größe, jedenfalls solange die Handlungsebene im Vorder-, Mittel- oder Hintergrund nicht verlegt wird. Dabei gibt es oft Szenen, wo nur Teile einer Figur bewegt werden, während der Rest unverändert übernommen wird. In solchen Fällen kann man mit Hilfe der Fotokopie bereits fertige Teile in eine neue Zeichnung je nach Bedarf einfach einkopieren und darauf weiterzeichnen.
Die allerwenigsten Zeichner - noch viel weniger die Anfänger - bringen die erste Fassung ihrer Zeichnung gleich so formvollendet aufs Papier, daß rein gar nichts mehr verändert werden müßte. Vielfach wird deshalb erst einmal „gescribbelt“, was soviel heißt wie „gekritzelt“. Dabei wird die Idee einfach durch Kritzeln und Stricheln eingekreist, so lange, bis sich ein erstes akzeptables Erscheinungsbild herausschält. Dieses ist natürlich eingewoben in ein Dickicht suchender Linien und Kritzel, aus dem es nun wieder befreit werden muß. Dazu gibt es mehrere Möglichkeiten:
1. Die endgültig richtigen Linien werden mit Tusche festgelegt, und der Rest wird wegradiert (sofern man mit Bleistift gescribbelt hat).
2. Man wählt eine professionellere Methode, bei der man sich die lästige Arbeit mit dem Radieren spart, ein Transparentpapier über den ersten Versuch legt und die endgültigen Linien darauf durchzeichnet.
3. Versierte Zeichner lassen den ganzen Arbeitsprozeß stehen, scribbeln mit einem blauen Tintenstift gleich auf Karton und arbeiten darauf weiter bis zum letzten Arbeitsgang mit schwarzer Tusche. (Der blaue Stift kommt auf dem Kopiertisch nicht durch.)
4. Das Kopieren ist außerdem eine gute Möglichkeit, die Zeichnung von Transparentpapier auf normales weißes Papier zu übertragen. Manche Kopierer akzeptieren inzwischen ja auch Karton in Postkartenstärke, so daß man auf diese Weise auch seine eigenen Postkarten herstellen und in gewissem Rahmen auch vervielfältigen kann (siehe dazu unten das Beispiel von Ekkehard Drechsel).
5. Für die Druckvorlage später spielt es keine Rolle, ob die Zeichnung auf Transparentpapier geliefert wird, Hauptsache, der Untergrund ist weiß und der Zeichenstrich ist tiefschwarz. Das gilt ebenso für die Arbeiten am Kopiertisch.
6. Wer allerdings seine Zeichnungen als Originale aufbewahren und auch präsentieren möchte, wird vielleicht doch besser über dem Lichttisch arbeiten als auf Transparentpapier oder mit allzuviel Blaustift auf dem endgültigen Zeichenkarton. Dazu genügt eine gewöhnliche Glasplatte, mit weißem Papier belegt und von unten beleuchtet (am besten durch zwei bis drei parallelliegende Neonlampen im Abstand von 10 bis 20 cm zur Glasplatte), auf die der Entwurf gelegt und auf einen über diesem liegenden Zeichenkarton übertragen wird.

◁ *Mehrteilige Cartoons brauchen Figurenkonzepte, die in verschiedene Körperhaltungen übertragbar und bei Bedarf entsprechend ausbaufähig sind.*
„Scribbeln“ ist die Methode der Profis, um einen neuen Figurentyp zu finden und schließlich soweit zu entwickeln, daß er in jeder gewünschten Ansicht dargestellt werden kann. Im Verlauf von längeren Geschichten bzw. bei der Fortführung der Figur in neuen Handlungsabschnitten wiederholen sich automatisch bestimmte Haltungs- und Bewegungspositionen. Man kann sich von vorn herein eine kleine Sammlung verschiedener Ansichten anlegen, die bei Bedarf direkt oder leicht abgewandelt einfach übernommen werden können.

Burkhard Fritsche

Das streifenweise in Einzelbilder gegliederte Paneel ist eigentlich ein Stilmittel des Comics, das der Cartoon gelegentlich gern übernimmt und für seine Zwecke erweitert, wie in diesem Beispiel von Burkhard Fritsche.

Das Paneel

Ein gebräuchliches Medium des Cartoons ist das Paneel. Es umfaßt genau eine Zeitschriften- oder Buchseite mit Cartoon oder „Comic".
Das Paneel mit mehreren Bildern kann in unterschiedlichster Weise aufgeteilt sein: in zeilenweise Kastenbilder gleicher oder unterschiedlicher Größe, gegeneinander versetzt oder nicht, durch exakte oder von Hand gezogene Linien voneinander abgegrenzt...
In Ausnahmefällen kann ein Cartoon auch auf eine mehrseitige Bildergeschichte wie im Comic ausgedehnt werden. Er kann aber auch auf eine kleine Randzeichnung beschränkt sein. Das Entscheidende dabei bleibt in jedem Fall die Pointe im Schlußbild, auf die hin die ganze Geschichte aufgebaut wird. Nicht der spannende Verlauf einer langen Geschichte und deren Entwicklung ist von Belang, sondern einzig das letzte Bild, in dem die witzige Pointe zur Auflösung kommt. Oft besteht das Paneel auch nur aus einer einzigen Zeichnung oder Karikatur.
Cartoons arbeiten mit Sprechblasen, Untertiteln, Überschriften oder ganz ohne Text. Um überflüssige Textpassagen zu vermeiden, sollte man deshalb immer erst versuchen, den Inhalt nur über die Zeichnung - ohne Texthilfen - deutlich zu machen. Denn der Text spielt im Cartoon eine nachgeordnete Rolle - wenn er überhaupt notwendig ist.
Der Cartoon lebt von der individuellen Handschrift. Die gilt es zu erhalten durch alle Stapel von Transparentpapier hindurch. Lebendigkeit aber kommt oft mit dem Arbeitstempo - und dieses kommt mit der Routine.
Das geht natürlich nur unter Verzicht auf allzu genaues Durchzeichnen. Auf diese Weise wird die Übertragung zu einem eigenständigen Schaffensprozeß mit neuem Leben in Ausdruck und Handschrift.
Man könnte natürlich einwenden, daß es auch in den Comics oft äußerst dynamisch zugeht, ohne daß die Zeichnungen hektisch oder verschliffen aussehen müßten. Da ist natürlich richtig, und die Comiczeichner haben dafür auch eine eigene Technik entwickelt, nämlich das Zeichnen in extremer Vergrößerung. Sie zeichnen auf Bogen bis Größe DIN A2 und haben so die Möglichkeit, jeden Linienbogen in übermäßig großer Strichstärke auszufeilen. Am Ende der Arbeit wird alles um ein Vielfaches verkleinert, die Zeichnung wirkt darum exakt bis ins kleinste Detail. Es ist leicht vorstellbar, wie arbeitsaufwendig diese Methode ist und wie die Zeichner damit beschäftigt sind, eine bewegte Bildergeschichte von sagen wir 10 bis 15 Seiten à 10 Einzelbildern herzustellen.
Da der Cartoon häufig mit einem einzigen Bild oder nur mit einigen wenigen auskommt, könnte er sich theoretisch denselben Aufwand leisten. Der Perfektionismus des Comic ist im Cartoon aber weit weniger wichtig - der Gesamteindruck muß stimmen. Deshalb läßt man eher mal eine unnötige Umrißlinie weg oder undefiniert stehen. Das heißt gleichzeitig, daß das vorherige Scribbeln und Durchzeichnen nicht mehr so bedeutsam ist. Die Vorlage ist mehr oder weniger nur eine Ortsangabe. Die endgültigen Linien schließlich sind knapp, sie müssen sitzen und würden Gefahr laufen, beim Durchzeichnen zu sehr verwaschen zu werden.

Konzeption für ein Paneel

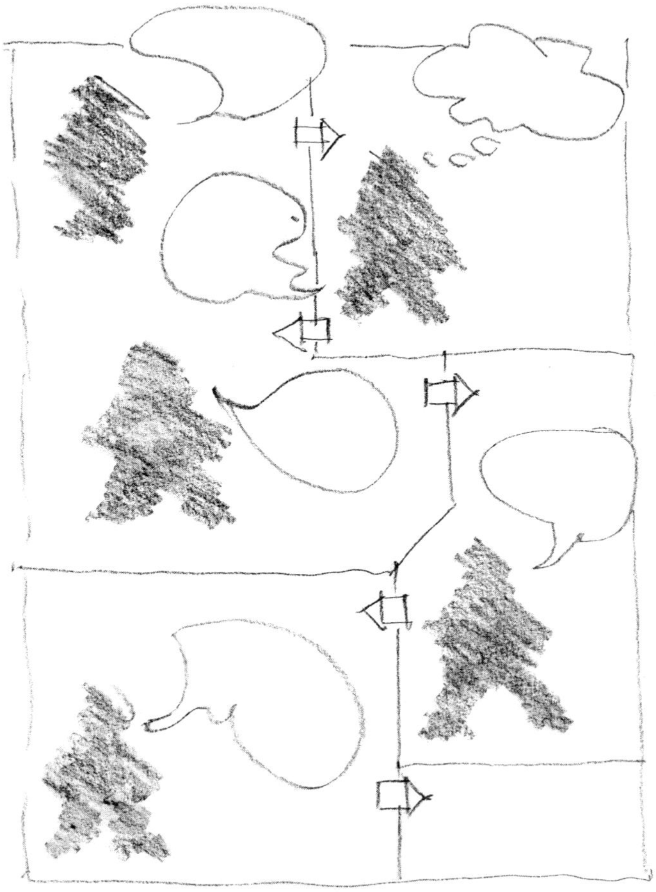

△ *Schritt 1*
Die Grundidee für ein mehrteiliges Paneel ist fertig getextet und wird jetzt durch „scribbeln" (d. h. kritzeln) ins Bild umgesetzt. Dabei wird die Verteilung auf dem gewünschten Format schon grob mit angelegt.

△ *Schritt 2*
Nach dem ersten Entwurf ist klar, wie groß die Figuren sein werden und wieviel Raum der Text beansprucht. Jetzt kann die Aufteilung des ganzen Paneels entsprechend korrigiert werden. Dazu ist es nicht notwendig, noch einmal alle Figuren komplett auszuzeichnen. Man kann sich auch mit einer bloßen Ortsangabe für die Einzelheiten begnügen. Auf dieser Stufe muß im übrigen entschieden werden, ob mit Sprechblasen weitergearbeitet werden soll, oder vielleicht lieber mit Untertiteln oder Überschriften. Dementsprechend muß eine Unterteilung des Paneels in einzelne Rahmen auf eine logische Abfolge der einzelnen Bilder ausgerichtet werden.

▷ *Schritt 3*
Der letzte Schritt ist der Reinzeichnung und dem „Inken" und „Lettern" vorbehalten. „Inken" heißt nichts anderes, als mit Tinte bzw. Tusche nachziehen (muß nicht unbedingt sein, man kann auch mit Bleistift Cartoons zeichnen).
„Lettern" ist der Vorgang des Textschreibens und meint gleichzeitig auch die optische Anpassung des Schriftbilds an den Stil der Zeichnung.

Arbeitsbeispiel für experimentierfreudige Leser: Wenn Sie Lust haben, aus diesem Teilstück einer Idee einen wirklichen Gag zu entwickeln – Bitteschön, entscheiden Sie selbst: Was ist hier los? Was ist passiert? Wie?

WIE DAS GEKOMMEN IST?
NUN ALSO ...
... ZUERST WAR DER TEIG SO GROSS ...
... UND DER TOPF WAR RANDVOLL
... UND DANN IST ES HALT PASSIERT ...
AN DIESER STELLE GESCHAH ETWAS AUSSERGEWÖHNLICHES UND WIR WERDEN LEIDER NIEMALS ERFAHREN ...

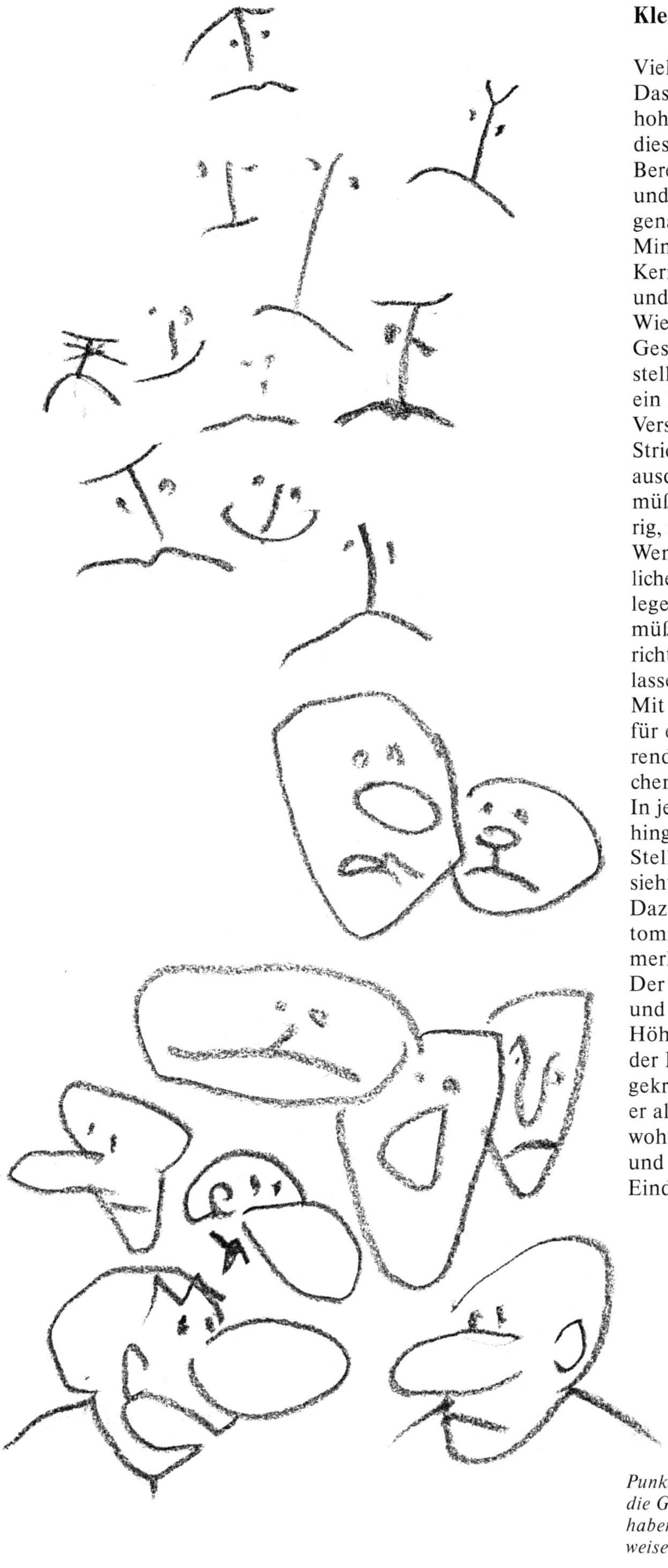

Kleine Zeichenhilfe für Kopf und Mimik

Viele professionelle Zeichner beginnen mit den Augen. Das ist nicht verwunderlich, weil Blick und Mimik in hohem Maß den Ausdruck einer Figur bestimmen. Um dieser Gewohnheit zu entsprechen, ist im folgenden der Bereich Kopf und Mimik dem des Figurenzeichnens und der Gesamtkonzeption vorangestellt. Es wäre aber genauso denkbar, mit der Figur zu beginnen und die Mimik nachträglich zu ergänzen. Kommen wir also zum Kern der Sache: Wie findet man eine geeignete Figur, und wie läßt sie sich zum Leben erwecken?
Wie sehr bereits kleine Abweichungen im Detail ein Gesicht verändern und was in ganz grundlegenden Darstellungsformen von Kopf und Mimik alles steckt, mag ein kleiner Test anschaulich machen:
Versuchen Sie doch mal, mit Punkt, Punkt, Komma, Strich zweimal nebeneinander den identischen Gesichtsausdruck hinzukriegen. Sie meinen, mit Durchpausen müßte das gehen? Bitteschön. Und? Erstaunlich schwierig, nicht wahr?
Wenn Sie jetzt bitte noch eine mehr oder weniger rundliche Umrißlinie um Ihre Punkt-und-Strich-Gebilde legen wollen und dabei den Mittelpunkt variieren, so müßten sich eigentlich auch schon unterschiedliche Blickrichtungen der so entstandenen Gesichter ausmachen lassen.
Mit genau fünf variablen Punkt-und-Strich-Elementen für ein Gesicht läßt sich schon allerhand erreichen, während die grandiosen Ansprüche an Bewegung und Zeichentempo erst einmal zurückgestellt werden können. In jedem Fall aber muß ein Zeichner wissen, wo was hingehört und in welchem Umfang es sich von der Stelle bewegen darf, damit es nicht unglaubwürdig aussieht.
Dazu gehören zum Beispiel ein paar grundlegende anatomische Kenntnisse, die man sich für alle Fälle einfach merken sollte:
Der Kopf sitzt auf dem drehbaren obersten Halswirbel, und zwar an der Schädelbasis (ungefähr auf gleicher Höhe wie die Ohren). Von hier aus ist der Kopf drehbar, der Hals kann mehr oder weniger in jede Richtung gekrümmt werden. Bei den meisten Menschen verharrt er allerdings in einer bestimmten Neigung – aus Gewohnheit oder auf Grund irgendeiner Stimmungslage – und bestimmt damit ganz wesentlich den äußeren Eindruck einer Gestalt.

Punkt – Punkt – Komma – Strich und ein Kreis herum – das sind die Grundelemente für ein einfaches Gesichtsschema. Trotzdem haben die Ergebnisse eine erstaunliche Variationsbreite aufzuweisen.

Eine locker angedeutete Spirallinie als Zeichen für einen elastischen, drehbaren Hals und eine große Nase genügen für die Darstellung jeder beliebigen Kopfhaltung und Blickrichtung.

Die Augen

Wahrscheinlich gibt es genauso viele verschiedene Möglichkeiten, Augen zu zeichnen, wie es Cartoonzeichner gibt. Bitte schauen Sie sich bei Gelegenheit einmal an, wie groß das Repertoire in einem halben Meter Cartoonbüchern schon ist. Und wenn Sie es noch genauer wissen wollen, dann zeichnen Sie sie bitte einmal kurz durch – so drei, vier verschiedene Zeichner. (Siehe dazu auch Seite 20 und 44 f.)

Es gibt Zeichner, die mit zwei Pünktchen für die Augen auskommen. Sie müssen sie nur im richtigen Moment an die richtige Stelle setzen. Überhaupt, die beiden Pünktchen. Es ist ziemlich unglaublich, wie viele Möglichkeiten es gibt, diese Pünktchen in den richtigen Rahmen zu setzen. Darum halten wir als einfache Hilfestellung folgendes fest:

Die Augen liegen auf halber Höhe des Kopfes. Die Pupillen sitzen auf den wesentlich größeren Augäpfeln und diese wiederum in den Augenhöhlen. Nach außen sind die Augen geschützt durch Ober- und Unterlid, dazwischen hat die Pupille den Blick frei nach draußen. Geschlossen wird das Auge mit dem Oberlid. Wird es mit dem Unterlid geschlossen, entsteht der Eindruck eines schlafenden oder toten Vogelauges.

Die Pupillen weiten sich in der Dunkelheit oder auch in Schreckmomenten sowie bei emotionalen Belastungen. Dies kann zum Beispiel durch einen zusätzlichen Kreis um die Augenpunkte dargestellt werden.

Weinende Augen tränen nicht immer in Sturzbächen. Manchmal genügt auch ein Tropfen am Unterlid, um die Augen „zum schwimmen“ zu bringen. Oft werden weinende Augen verkniffen, die Lider schwellen an, es bilden sich Falten rundherum.

Die Augenbrauen sitzen über den Augen und haben ebenso wie die Wimperhaare eigentlich die Aufgabe, die Augen zu schützen. Die Brauen sind beweglich durch die Stirnhaut, auf der sie sitzen, d.h. eine Bewegung der Brauen wird immer von einer Bewegung der Stirnmuskulatur begleitet – und umgekehrt.

Unter den Augen befinden sich die sogenannten Tränensäcke, die förmlich nach außen hängen können und dann aussehen, als wollten sie zu jeder Zeit überlaufen. Es gibt aber auch tiefliegende Augenhöhlen, deren Tränensäcke unsichtbar sind und die eher den Eindruck von Ausgezehrtheit hervorrufen. Die Krähenfüße sind ein Mittel zur Verstärkung bestimmter Gefühlszustände, des Lachens zum Beispiel oder auch des Weinens und des Zorns. Oder zur Darstellung vorgerückten Alters.

Es gibt wenige Zeichner, die mit zwei Punkten für die Augen auskommen. Die meisten haben ihre eigenen Methoden, die Augen in den richtigen Rahmen zu setzen. Wie zuvor bei den Grundschemen für die Nasen wurden auch hier die zu ergänzenden Elemente weggelassen. Interessierte Leser können sich diese Seiten fotokopieren oder, besser noch, auf Transparentpapier durchzeichnen und selber daran weiterarbeiten (siehe auch Arbeitsblatt für Seite 35).

Von einem Ohr zum andern

Augen, Nase und Oberlippe haben ihren festen Platz, ebenso wie die Ohren. Zwischen Augenbrauen und Lippen spannt sich das mittlere Drittel der Kopffront - hier spielt sich die gesamte Mimik ab -, den Rest kann man auch weglassen. Damit sind die wichtigsten Darstellungselemente für die Beschreibung von Kopfhaltung und Mimik umrissen.
Während die Augen noch einigermaßen beweglich sind, sind Ohren und Nase vollkommen starr. Natürlich gibt es mimische Artisten, die es schaffen, mit den Ohren zu wakkeln und die Nasenlöcher zu blähen wie ein Pferd, aber das ist nicht das Übliche.
Für die Witzzeichnung allerdings sind auch dies Möglichkeiten zur Darstellung bestimmter Ausdrucksformen. In der Zeichnung ist nichts unmöglich, solange es noch irgendwie glaubhaft nachvollziehbar bleibt. Einer Cartoonfigur ist ja jederzeit auch eine extreme Beweglichkeit zuzutrauen. Mit zu bedenken ist allerdings die Biegsamkeit vieler Ohren- und Nasenformen. Die Figur kann sich selbst an Ohr und Nase fassen und sie bei jedem Schneuzer oder Schnüffler verformen, bei jedem kleinen Geräusch oder wenn es was zu riechen gibt, ganz zu schweigen von den mechanischen Einflüssen von außen auf dieses exponierteste Gesichtsorgan. Überhaupt sind bei den Ohr- und Nasenformen der Phantasie des Zeichners keinerlei Grenzen gesetzt. Alles ist möglich, von der kleinen Knopf- bis zur Adlernase, von den Trichterohren der Nilpferde bis zu den Fledermausohren der Vampire - wenn nur stets darauf geachtet wird, daß der Standort von Ohr und Nase im Gesicht gewahrt bleibt, und zwar bei jeder Kopfdrehung.

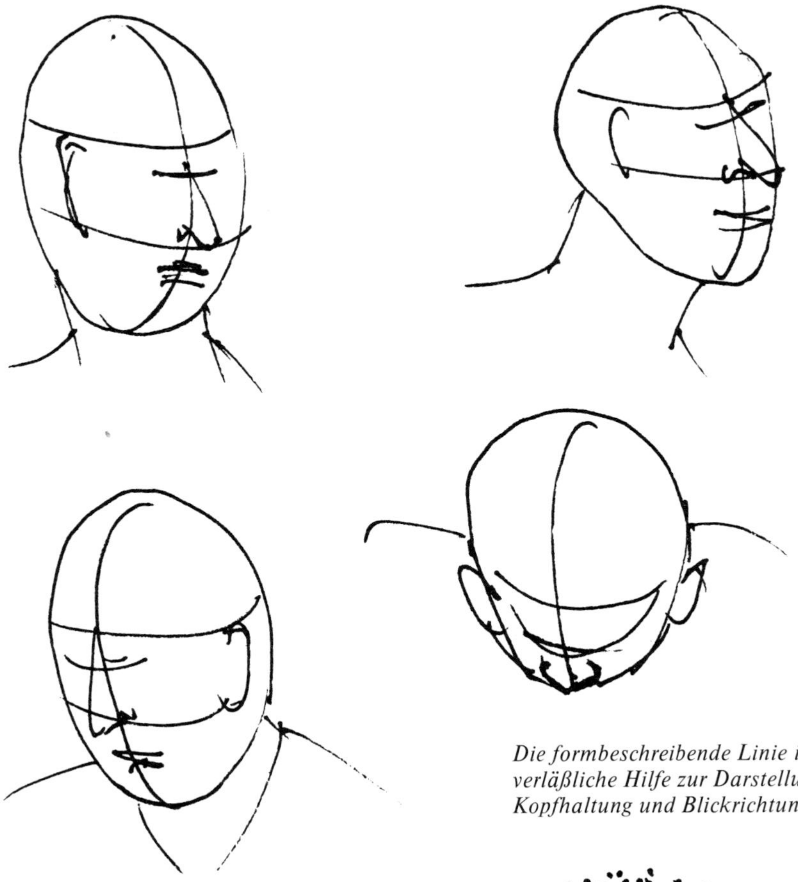

Die formbeschreibende Linie ist eine verläßliche Hilfe zur Darstellung von Kopfhaltung und Blickrichtung.

Das mittlere Drittel der Gesichtshöhe spannt sich zwischen Augenbrauen und Oberlippe. In diesem Bereich liegen die wichtigen Gesichtsorgane. Zusammen mit der oben gezeigten Methode der Kopfeinteilung kann auch ein ungeübter Zeichner seine Cartoon-Gesichter stimmig zusammenbauen.

Die Nase an sich hat zwar wenige Möglichkeiten, die Stimmungsschwankungen des Gesichts mitaufzunehmen, aber sie kann allemal unterstützend dabei mitwirken. Im Prinzip wird sie allerdings mehr den Gesamteindruck einer Figur mitbestimmen: Adlernasen zum Beispiel gelten immer noch als ein Zeichen von Willenskraft und Streitbarkeit – während runde Nasen gern als Zeichen von Nachgiebigkeit ausgelegt werden.

Einzig beweglicher Teil am Kopf ist der Unterkiefer

Er kann auf- und zuklappen und sich in kleinem Umfang hin- und herbewegen. Er verhilft der Figur zum Sprechen und zum Essen. Die Lippen folgen den Bewegungen des Unterkiefers sowie der Form der Zahnstellung und der Gestalt des Kieferknochens. Sie sind – neben den Augen – mit das sensibelste und gefühlsmäßig am meisten bestimmte Organ des Gesichts und verfügen über entsprechend viele Ausdrucksmöglichkeiten.

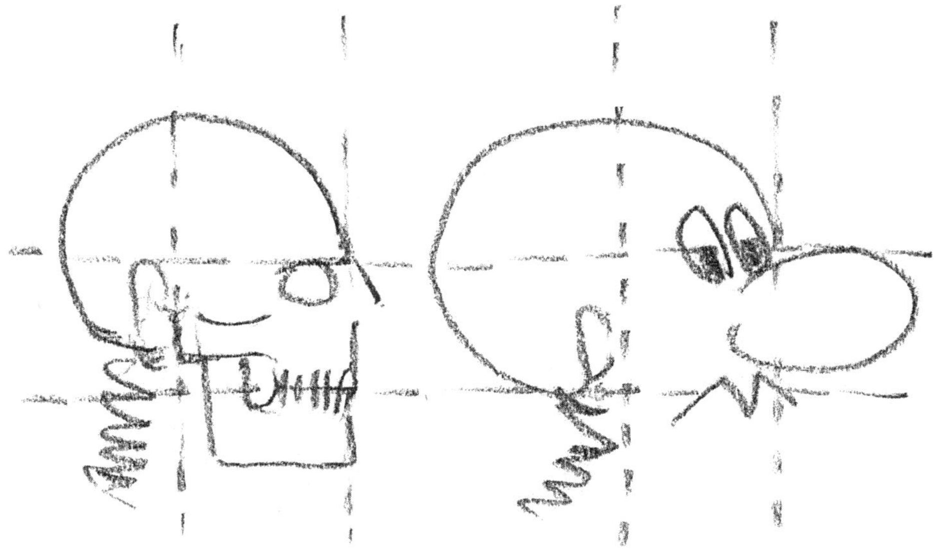

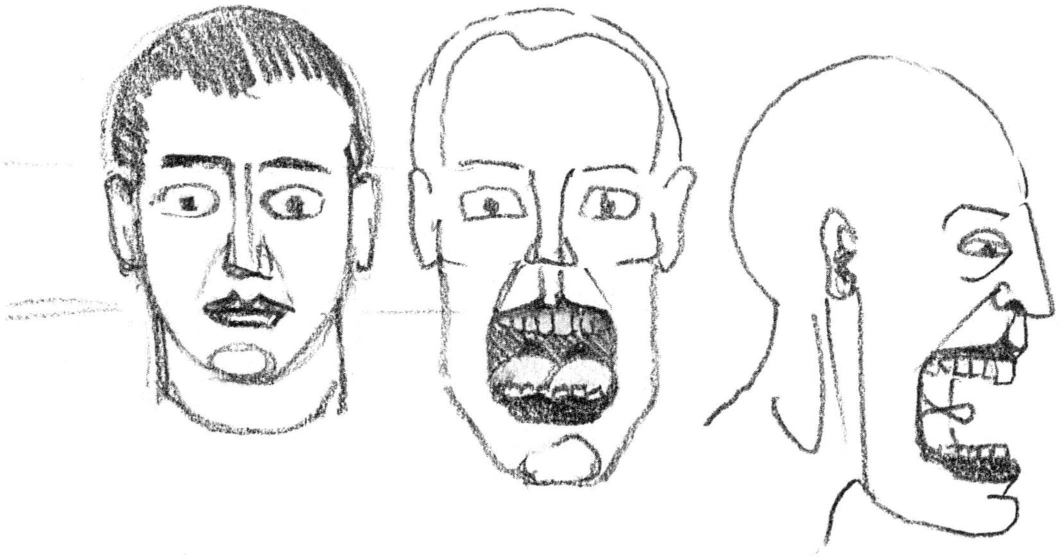

An einem einfachen Standardkopf wurde beim Durchzeichnen auf Transparentpapier der Unterkiefer ein deutliches Stück weit nach unten geschoben. Es entstand Platz für die verschiedensten Möglichkeiten zur Darstellung des geöffneten Rachenraums. (Dieses Verfahren kann natürlich in beliebiger Weise auf jeden Körperteil verwendet werden, um die gegebenen Proportionen zu verändern.)

Hier wurde eine Reihe einfachster Kopf und Gesichtsschemen auf Höhe der Lippenlinie auseinandergetrennt. Die so erhaltenen Unterkieferteile wurden separat auf Transparentpapier übertragen (siehe beiliegendes Arbeitsblatt) und können so in Höhe und Breite beliebig verschoben werden. Auf diese Weise entstehen verschiedene Mund- und Kieferstellungen, die nun im Detail ausgeführt werden können.

Sie als interessierter Leser sind herzlich eingeladen, selbst damit zu experimentieren, um die Reihe noch weiter fortzusetzen.

Der Schädel des Menschen „wächst" mit zunehmendem Alter, so wie auch andere Knochen mit der Zeit etwas „anbauen".

Die Kopfplastik

Die Kopfplastik ist ein weiteres starkes Mittel zur Charakterisierung eines Typs. Sie wird vor allem von der Schädelform bestimmt und außerdem von der Neigung des Kopfes im Verhältnis zur Halszone.
Backenknochen und Kinnpartie markieren die untere Gesichtshälfte sehr entscheidend. Es gibt die verschiedensten Ausprägungen dieser Schädelzonen. Je nachdem ist mal die Wangen- und mal die Kinnpartie stärker betont oder auch beides, was eine besonders kantige Kopfform ergibt. Flachliegende Backenknochen und ein fliehendes Kinn lassen einen eher zurückhaltenden Eindruck entstehen. In jedem Falle sind diese Erhebungen im Gesicht eines Menschen neben der Nase und den Augen wichtige Orientierungshilfen, die es erlauben, die Gesichtsformen zu strukturieren und für die Entwicklung verschiedenster Typen zu ordnen.
Die Konstitution von Hals- und Nackenbereich kann eine wichtige Hilfe sein zur Darstellung von Korpulenz bzw. überhaupt zur Andeutung von körperlicher Statur, auch wenn es sich nur um ein „Brustbild" handelt. Dabei spielen Hängebacken, Doppelkinn und Nackenspeck zusammen. Allerdings sind dies schon Aufgabenstellungen, die ausreichend Erfahrung beim Aktzeichnen voraussetzen. Darüber hinaus braucht es einfach Übung, dann ist es möglich, fast alles zu zeichnen.
Für eine Cartoonfigur eignen sich nicht unbedingt nur junge Typen. Manchmal sind unbedingt älter wirkende Figuren notwendig. Es ist gut, wenn man dazu folgendes weiß: Der Schädel des Menschen wächst, und zwar ein Leben lang, und nicht nur das. Die Haut wird runzelig. Die Gesichtsmuskeln lockern sich und werden schlaff, d. h. in vielen Fällen auch, daß sie schwinden. Die Sehnen dagegen straffen sich. Und die Knochen verändern sich. Alte Menschen haben häufig eine hohe Stirn, nicht nur der Weisheit wegen, oder weil die Haare einer Glatze weichen. Der Schädel wölbt sich nach hinten und nach vorne in die Stirn. Die Nase wächst und wird zur Charakternase vieler Greise. Alles zusammen hat den Effekt, daß überhaupt die Knochen mit vorgeschrittenem Alter stärker hervortreten.
Ein Cartoonzeichner kann viel gewinnen aus der täglichen Beobachtung an Menschen verschiedener Altersstufen. Dabei ist es gar nicht notwendig, alles und jeden immer gleich zu skizzieren (wenn auch nützlich). Es ist auch schon durch beobachtendes Lernen eine Menge getan, um das eigene Repertoire zu erweitern.

▷ *Gesichter und ihre plastischen Formen können anhand von richtig verteilten Kugelformen aufgebaut werden. Die wichtigsten Erhebungen sind die Nase, die Backenknochen und das Kinn. Wenn ihre Lage bestimmt ist, kann alles andere beliebig variiert werden.*

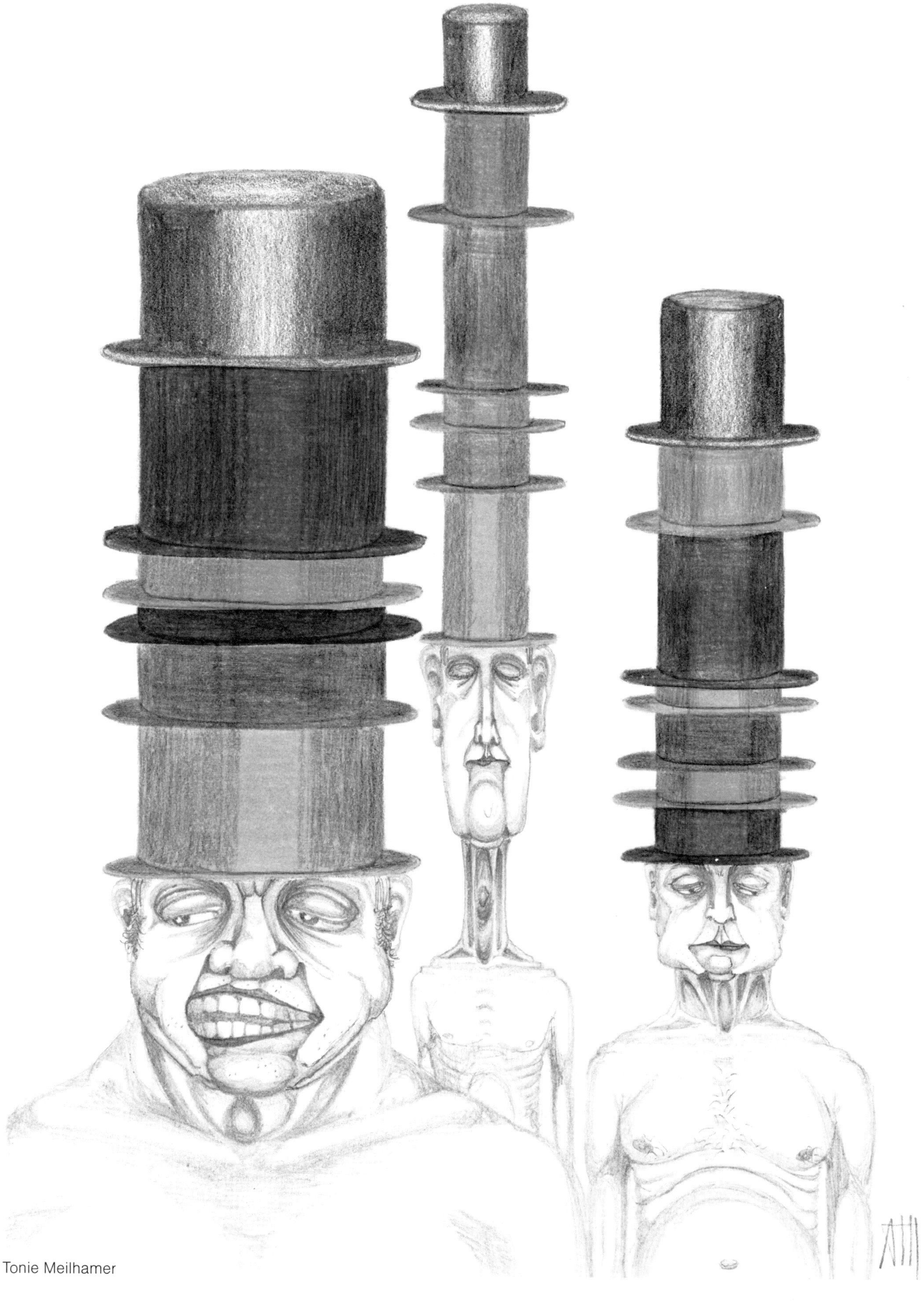

Tonie Meilhamer

Zur plastischen Durchgestaltung einiger frei aus dem Kopf aufgebauter Gesichtstypen bedarf es einiger Erfahrung beim Akt-und Porträtzeichnen sowie der Beherrschung der zeichnerischen Mittel zur Darstellung von Licht und Schatten.

Tonie Meilhamer

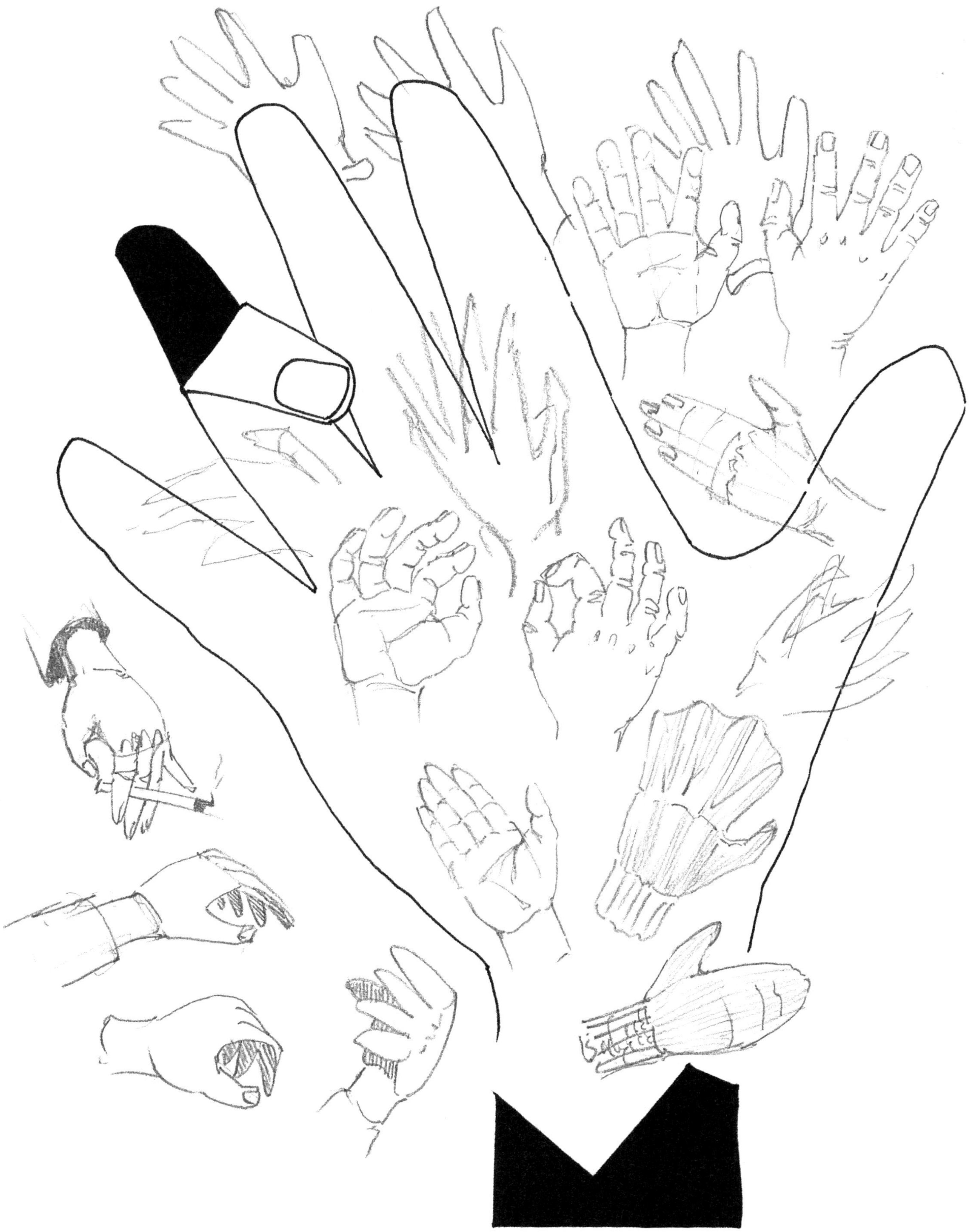

Hände - Hände - Hände

Viele Anfänger sind sicher, daß sie keine Hände zeichnen können. Aber die Hände sind ein wichtiges und beredtes Ausdrucksmittel der Cartoonzeichnung. Die Cartoonfigur sagt vieles mit den Händen, auch wenn diese gelegentlich nur als „Krickelkrakel" dargestellt sind. Sobald eine bestimmte Handhaltung für die Handlung wichtig wird, ist bei allen Cartoonisten die Hand sehr deutlich ausgezeichnet.
Im Cartoon wird im allgemeinen reduziert auf das, was wichtig und notwendig ist, und alles übrige vernachlässigt oder ganz weggelassen. So hat sich vielfach auch die Vierfingerhand (beispielsweise bei Mordillo) herausgebildet, die praktisch ohne den Ringfinger auskommt. Um so genauer sollten jene Stellen einer Zeichnung sitzen, die für den Inhalt eine funktionale Rolle spielen. Das ist nicht ganz einfach, aber schließlich gibt es auch zu diesem Thema ein paar brauchbare Hilfen.
Betrachten wir zuerst die flach ausgestreckte Hand mit dem mehr oder weniger quadratischen Handteller bzw. Handrücken, den dreigliedrigen Fingern, einem seitlich angesetzten, zweigliedrigen Daumen, der durch die freie Beweglichkeit des Mittelhandknochen (Sattelgelenk) eine Sonderstellung einnimmt im Zusammenhang mit dem Handgelenk. Die Finger lassen sich schließen oder spreizen, alle auf einmal oder einzeln oder grüppchenweise. Das ist nicht besonders schwer zu zeichnen. Oder man legt gleich die Hand flach aufs Papier und umrandet sie mit einem Stift, um dann ihren Umriß mit der Schere auszuschneiden. Die so entstandene Papierhand kann als einfache Hilfe dienen, um sich eine ganze Reihe einfacher Handgriffe für das Zeichnen zu erschließen. Man braucht nur die Finger an den Gelenken zu knicken und in die gewünschte Stellung zu bringen (wo man sie notfalls mit Klebstoff fixiert).

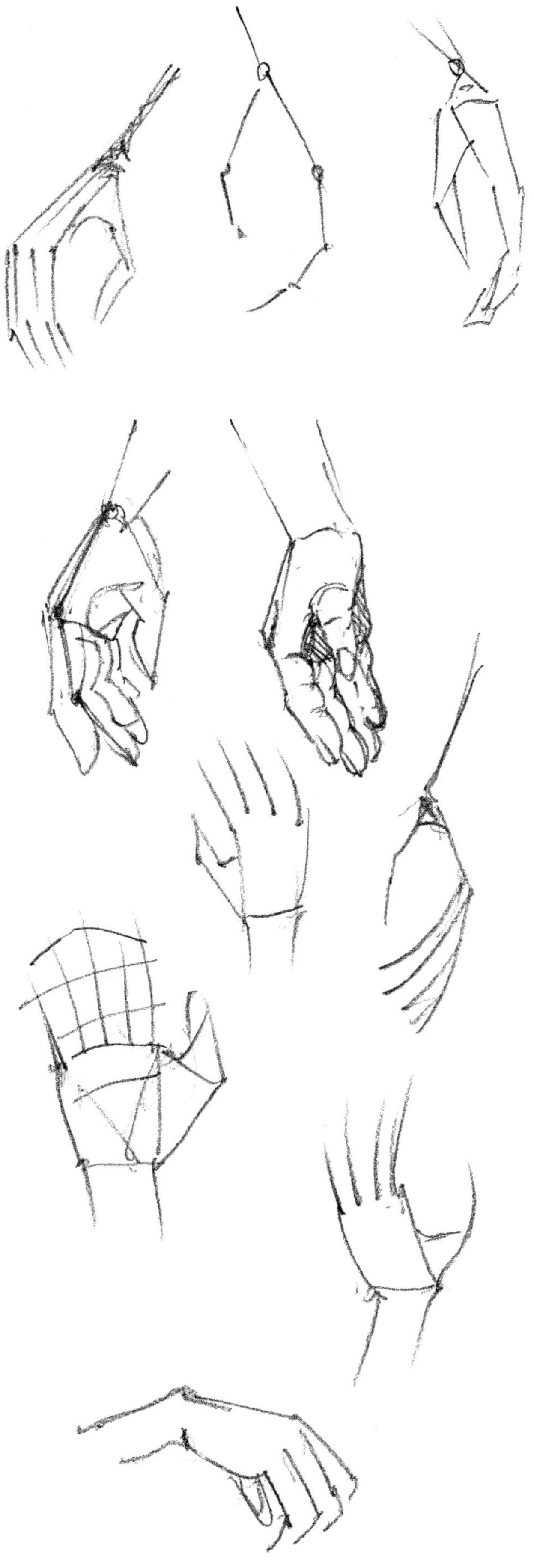

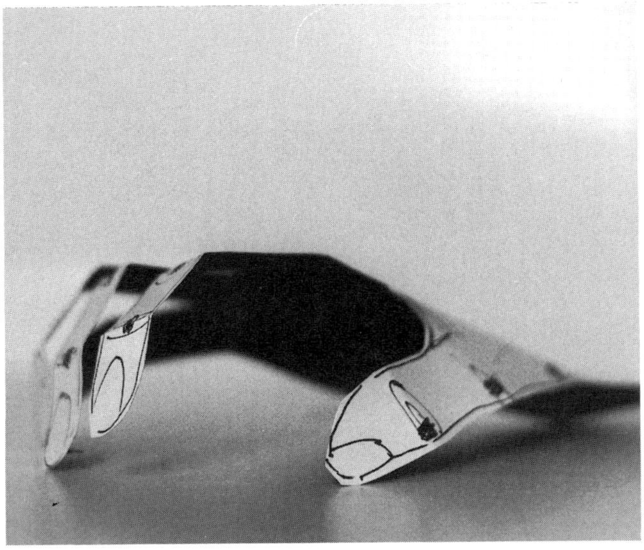

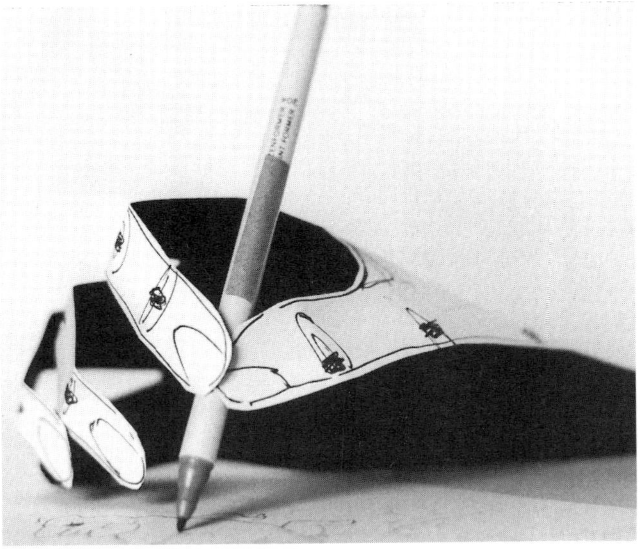

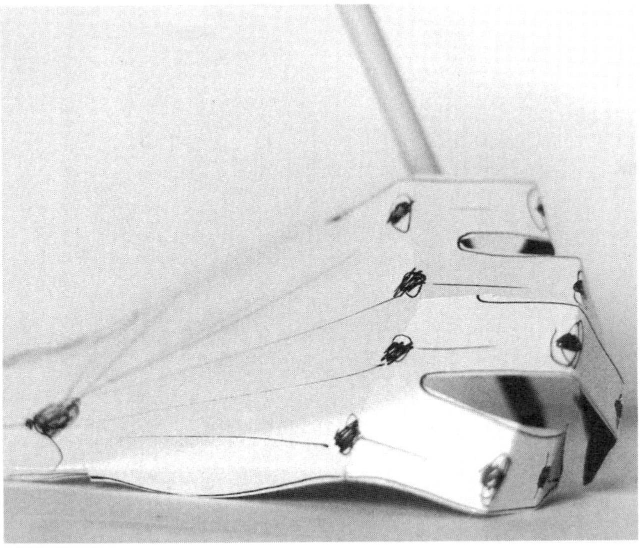

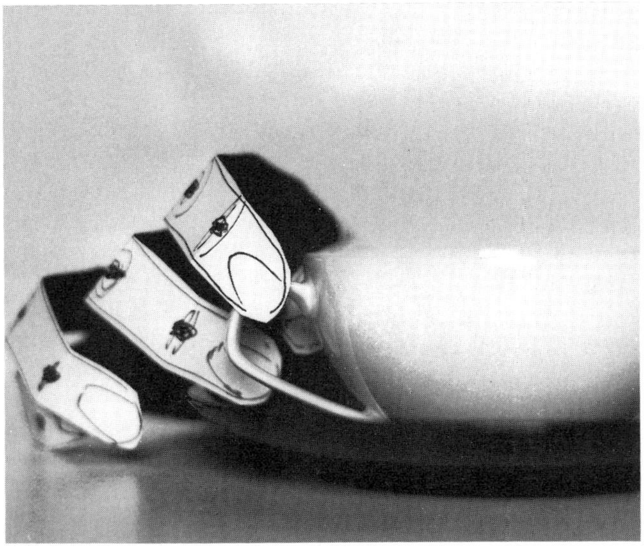

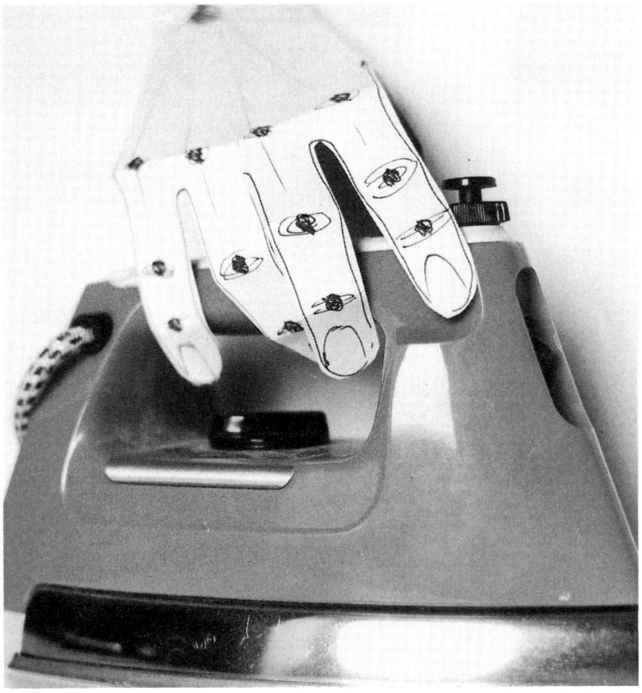

Eine einfache Papierschablone ersetzt hier ohne weiteres eine echte Modellhand. Sie kann von allen Seiten betrachtet werden und hilft so, bestimmte Handgriffe besser zu verstehen und in die zweidimensionale Zeichnung umzusetzen.

Das Knochengerüst der Hand liefert, sozusagen im Röntgenverfahren, verläßliche Anhaltspunkte für alle Bewegungsmöglichkeiten der Finger und des Handgelenks.

Etwas schwieriger wird es, wenn eine Papierhand eine konkrete Bewegung ausführen muß, etwa sich schließen soll zu einer Faust oder eine Gabel halten, das Papier ist dazu nicht stabil genug.
Dann liefern Gerüst und Statik der Hand eine weitergehendere konstruktive Methode, um den Zugang zum Händezeichnen zu erleichtern. Dabei werden die Gelenke mit Punkten angegeben und die Abstände dazwischen durch einfache Verbindungslinien dargestellt. Alle Fingerknochen gehen somit von einem zentralen Gelenkpunkt an der Handwurzel strahlenförmig auseinander, jedes weitere Fingergelenk wird wieder mit einem Punkt dargestellt.
Auf diese Weise können damit praktisch alle Handhaltungen sozusagen im Röntgenverfahren dargestellt werden. Fehlt nur noch die „Verkleidung", das Gerüst muß noch mit der Hand- und Fingerplastik überzogen werden.
Eine andere Möglichkeit ist die Darstellung ausgehend vom Quadrat der Handfläche, an das die vier Finger und der Daumen mit fünf Strichen einfach angehängt werden. Nun können alle Handgriffe mit Hilfe der Handfläche und den mehr oder weniger gekrümmten Fingerstrichen dargestellt werden (siehe Seite 41).
Es gibt mit Sicherheit noch andere Methoden zur Darstellung der Handfunktionen, dies sind nur ein paar mögliche. Am Ende wird ohnehin jeder Zeichner seine eigenen Wege finden, um eine bestimmte Problematik darzustellen. Aber es sind immerhin Möglichkeiten, die als Einstieg dienen können. Selbstverständlich wird man mit der Zeit auch ohne Gerüst und ohne konstruktive Hilfen in der Lage sein, Hände darzustellen, scribbelnderweise vielleicht zunächst, aber mit der Zeit immer perfekter. Hier gilt nun erst recht die Devise: üben, üben, üben...

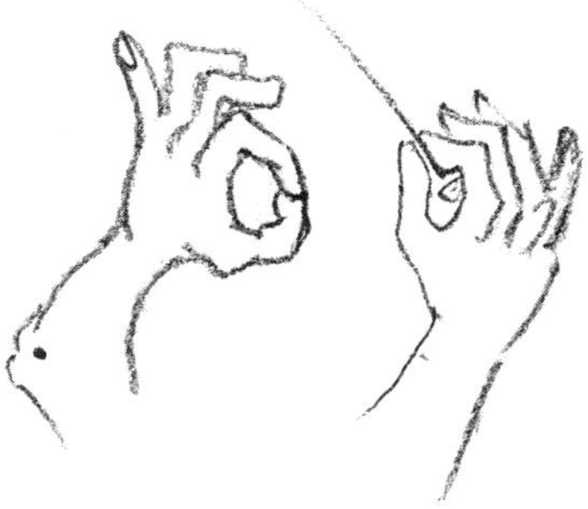

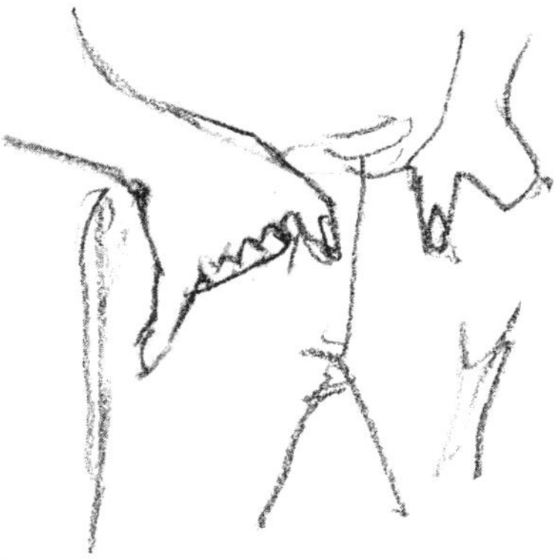

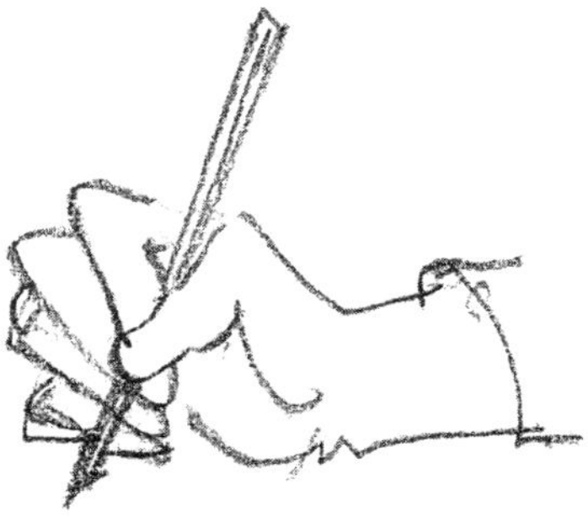

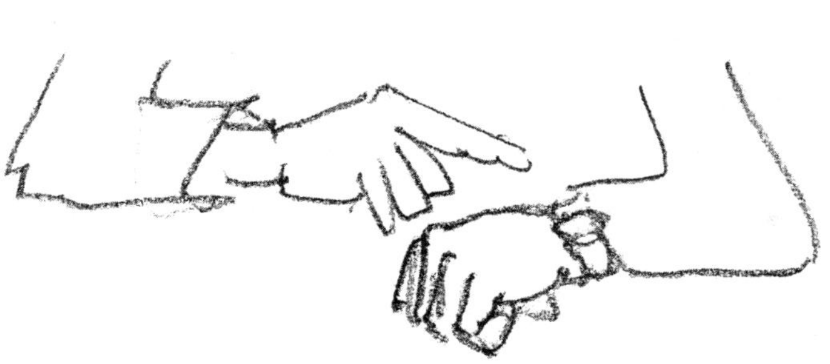

Den Profis auf (den Mund und) die Finger geschaut

Viel lernt man wahrscheinlich durch schlichte Nachahmung – und dann durch Übung, selbständige Anwendung, Abwandlung und Erfahrung, obwohl heutzutage Nachmachen und Kopieren nicht gerade Mode ist. Der eigene Cartoon-Zeichenstil muß schließlich erst entwickelt werden. Das hat nicht unbedingt etwas mit Abkupfern zu tun – eher schon mit dem Sammeln von Möglichkeiten und Methoden für das eigene Repertoire. Auch ein Tänzer oder ein Schauspieler studiert die Methoden der großen Vorbilder, und zwar ganz offiziell während der Ausbildung in den Fachschulen und nicht selten auch, um darüber ein Examen abzulegen. Warum sollte das beim Zeichnen anders sein? Es wird ohnehin nie so, wie der große Meister es gemacht hat, jeder wird seine eigene Handschrift mit einbringen. Das ist auch gut so, sonst liefen wir tatsächlich Gefahr, in langweiliges Imitieren abzugleiten. Keine Angst also vor dem Kopieren mit der freien Hand (und auch nicht vor dem Kopiertwerden, verehrte Zeichnerkollegen!). Es kommt doch immer etwas anderes dabei heraus, als das, was man eigentlich hundertprozentig genau treffen wollte. Die Möglichkeiten eines solchen Lernprozesses können Sie nachvollziehen, wenn Sie versuchen, sich an Beispielen bekannter Zeichner zu orientieren. Wie so etwas aussehen könnte, zeigen links die Nachempfindungen von „Hägar dem Schrecklichen".
Ein besonderes Dankeschön geht an dieser Stelle an Dik Browne, der mir hierfür seine Zustimmung gab.

Dik Brownes „Hägar der Schreckliche" und seine Mannen zählen zwar nicht unbedingt zur Reinform des Cartoons, aber für die Entwicklung der Figurentypen sind sie ein interessantes Lehrbeispiel. Dik Browne arbeitet mit einfachsten Mitteln – und erreicht damit eine verblüffend breite Skala an Ausdrucksmöglichkeiten. Die freie Nachzeichnung ermöglicht dem Übenden einen unmittelbaren Zugang zu einer Reihe höchst einfacher Darstellungstechniken, die durch keine andere Methode zu ersetzen ist.

HÄGAR
DER SCHRECKLICHE

NEIN, NEIN! DAS IST KEIN CHAMPIGNON. DAS IST EIN GIFTKRÖTENHOCKERPILZ!
N 95
WORAN ERKENNT MAN IHN?

OLAF! DU WIRST NIE EIN RICHTIGER WIKINGER!
DU HAST DIE FALSCHE EINSTELLUNG!
N 96

GESTERN WAR ICH SO DEPRIMIERT, DA BIN ICH LOSGEZOGEN UND HAB EINE GROSSE DUMMHEIT GEMACHT
HA-HA! WAHRSCHEINLICH HAST DU DIR WIEDER MAL EINEN HUT IN DIESEM HUTLADEN GEKAUFT!
NEIN, NEIN - ICH MEINE, ICH WAR WIRKLICH DEPRIMIERT
N 97
ICH HAB DEN GANZEN LADEN GEKAUFT!

Dik Browne

Franziska Becker

An Franziska Beckers Figuren (siehe auch Seite 21) zeigt sich eine ungeahnte Vielfalt in ihrer Gestaltung der Augen, ebenso wie der Hände. Sie arbeitet mit mehrfachen Lagen von Augenbrauen und Unterlidrändern und mit kleinen schwarzen Punkten als Pupillen auf großen runden Kulleraugen. Franziska Becker ist außerdem eine Meisterin in der Darstellung der Hände. Da sitzt wirklich jeder Strich – und jeder Handgriff. Sie bewältigt jede geforderte Hand- und Fingerposition mit einer einzigen Grundform für die Hände: schmales Handgelenk, kleiner Handteller, relativ dicke, kurze Finger, deutlich ausgezeichnete Nägel.
Es kann nur dringend empfohlen werden, sich beim Üben intensivst mit den Methoden dieser brillanten Zeichnerin auseinanderzusetzen (zum Beispiel auch in ihrem Cartoon „Das leere Blatt", in F.B.: „POWER!", erschienen bei Diogenes)

▷ Auch Peter Gaymann ist längst kein Geheimtip mehr. Seine Hühner haben ihm einen vielbeachteten Platz unter den renommierten Zeichnern eingebracht, und zwar aus gutem Grund (siehe dazu auch Seite 73).
An seinen Zeichnungen wird erst richtig deutlich, welche Möglichkeiten so ein starrer Hühnerschnabel in sich birgt. Gaymann behandelt ihn einfach wie bewegliche Lippen und gibt den Hühnern überhaupt das Outfit menschlicher Wesen.

Peter Gaymann

Stefan Mittag

MANNESZIER

Stefan Mittag

Stefan Mittag hat von den Großen der Cartoonwelt offensichtlich viel gelernt: Er ist in der Lage, sie gekonnt zu fälschen. Ein Grund zur Beunruhigung?
Keineswegs: Er versieht alle seine „genialen Fälschungen“ mit einer freundlichen Widmung an das jeweilige Vorbild. Seine besondere Kunst liegt darin, das Grundschema eines jeden Zeichners herauszufinden und nach seinen eigenen Ideen anzuwenden. Das ist nur möglich, weil jeder Zeichner seine individuelle Methode entwickelt, nach der er seine Figuren aufbaut. Mittag ist mit seiner Sammlung vielfach bekannter Figurenkonzepte eine Fundgrube für jeden unentschlossenen Anfänger.

Konzepte zum Figurenzeichnen

Eine ganze Figur zu zeichnen mit einem eigenen, geschlossenen Charakterbild, das ist ein Kapitel für sich. Jetzt ist es gut, sich bereits mit den Details von Händen und Gesicht befaßt zu haben. Denn jetzt geht's ums Ganze sozusagen, um die Einheit des Konzepts für eine Figur. Wenn Sie sich die Figuren der Profis auf diese Frage hin noch einmal genauer betrachten wollen (und zwar im Original), so werden Sie feststellen, daß die meisten Zeichner ein durchgängiges Figurenkonzept entwickelt haben, mit dem sie arbeiten und das sie auf ziemlich alle ihre Typen anwenden.
Das hat natürlich seine ganz speziellen Vorteile. Es erlaubt dem Zeichner die Entwicklung größtmöglicher Routine, seine Figuren wirken flüssig, gekonnt und virtuos gezeichnet, ohne daß er sich viel Arbeit machen müßte mit der Entwicklung einer Vielzahl verschiedenster Typen. Er bewältigt ja eine ganze Reihe von Charakteren mit seinem Repertoire an verschiedenen Konstitutionen, Kleidungsstücken, Haartrachten, Gewohnheiten usw.
Cartoons arbeiten mit Klischees, das heißt, daß den verschiedenen Charaktertypen der Figuren ganz bestimmte äußere Erscheinungsformen zugeordnet werden. Da gibt es beispielsweise schwer und drückend wirkende Staturen oder federleichte und bewegliche, schlaksige oder kraftvolle Typen.
Zunächst wird der Grundtyp entwickelt. Für den Anfang ist es gut, einfach zu probieren, aus den verschiedensten geometrischen Grundformen wie Kreis, Ellipse oder Tropfenformen die einzelnen Gliedmaßen zu entwickeln, sie praktisch in die Konstruktion einzubauen. So wird eine Figur zwangsläufig ein geschlossenes Erscheinungsbild entwickeln und gleichzeitig ein bestimmtes Charakterbild zum Ausdruck bringen. Nun kann variiert werden!

Auf diese Weise ist jede Beschränkung eigentlich eine Spezialisierung und bedeutet gleichzeitig eine Erweiterung der möglichen Varianten in der einmal eingeschlagenen Richtung.
Eine gute Zeichenfigur muß in mehrfacher Hinsicht funktionieren. Das ihr zugrundeliegende Konzept muß für alle Aufgaben im Einsatz dieser Figur brauchbar sein. Da wären mehrere Kriterien zu nennen (erfüllt sie die Konzeption nicht, so muß sie dementsprechend angepaßt oder erweitert werden):
- Je längerfristiger eine Cartoonfigur angelegt ist, desto wichtiger ist es, ihr ein Rollenkonzept zurechtzuschneidern. Der Zeichner muß wissen, wer diese Figur ist, wie sie lebt, was sie will, welche Probleme sie hat, welche Dauergewohnheiten usw. Daraus ergibt sich von selbst der Figurencharakter.
- Eine Zeichenfigur sollte bewußt so proportioniert werden, daß das äußere Erscheinungsbild ihr soziales Rollenkonzept unterstreicht. Dabei ist anatomische Richtigkeit weniger wichtig als der Gesamteindruck.
- Sie sollte über ein geschlossenes Erscheinungsbild verfügen, so daß auch die Ästhetik der Gesamtheit noch zu ihrem Recht kommt. Dies ist ein künstlerisches Kriterium, das insofern nicht überflüssig ist, als es der optischen Einprägsamkeit einer Figur zugute kommt. Es garantiert einerseits hohe Arbeitsersparnis und gewährleistet gleichzeitig, daß die Leser sich leichter an die Handschrift eines bestimmten Zeichners gewöhnen.
- Die Grundfigur sollte wandlungsfähig sein, so daß sich mit ihr viele verschiedene Charaktere darstellen lassen. Dies ist auch aus Gründen der Arbeitsersparnis zu empfehlen, aber auch als eine Möglichkeit, sich ein eigenes Markenzeichen zu schaffen.
- Nicht zuletzt muß sich die Figur entsprechend bewegen können.

Der Grundstock für eine Sammlung verschiedener Figurentypen könnte so ähnlich aussehen, wie die hier zusammengestellte Beispielreihe. Die Figuren entstanden alle aus dem Bemühen, Kopf und Gliedmaßen nahtlos in die fließende Grundform des Rumpfes einzubauen.
Ebensogut wären auch andere Vorgaben denkbar, um zu einheitlichen Formkonzepten zu kommen (das Strichmännchen zum Beispiel ist eins der bekanntesten Figurenkonzepte).

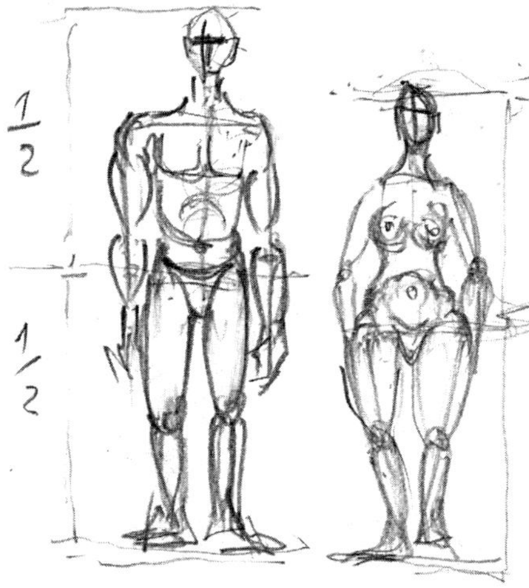
1/2
1/2
1/2
1/2

1/3
2/3

2/3
1/3

Über das Mißverhältnis von Cartoonfigur und Proportion

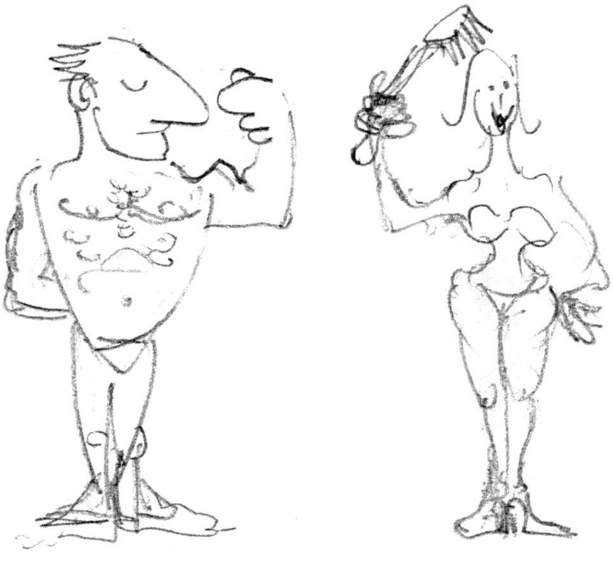

Cartoonfiguren haben mit genormten Körperproportionen nicht viel zu tun. Was an dieser Stelle interessiert, sind deshalb vor allem die Abweichungen vom normalen Proportionsschema der menschlichen Figur.
Das setzt natürlich die ungefähre Kenntnis der normalen Längenverhältnisse voraus. Wenn man weiß, daß die halbe Körpergröße eines Menschen ungefähr bis zu seiner Hüfthöhe reicht, ergeben sich die übrigen Längenverhältnisse fast schon von selbst. Die Kniehöhe liegt dann bei einer viertel Körperlänge, das Brustbein sitzt ungefähr auf einer Dreiviertel-Höhe der ganzen Figur. Das sind natürlich nur ganz grobe Angaben, die bestenfalls einem gedanklichen Idealkonzept entsprechen, aber nicht unbedingt den Durchschnitt aller Menschen wiedergeben.
Für unsere Zwecke läßt sich aber ganz gut damit arbeiten, indem wir diese Grundannahmen nach Bedarf verändern.

Die Beispiele auf diesen Seiten zeigen verschiedene Möglichkeiten zur Proportionsverschiebung, um so die unterschiedlichsten Figurentypen zu gewinnen. Dabei hängt alles davon ab, welcher Körperpartie gerade am meisten Gewicht beigemessen wird: lange Beine oder langer Oberkörper mit schwingenden Armen, Schönheit oder Muskeln, Tolpatschigkeit, Körperfülle oder Kopflastigkeit usw. Um die richtige Lösung zu finden ist es gelegentlich eine Hilfe, sich zu überlegen, was der darzustellende Charakter wohl selbst gerne vorstellen würde. Für das Klischee von Durchschnittsmann, -frau und -kind gilt zum Beispiel: Er wäre gern so stark wie sie gern schön und es gern groß wäre.
Dabei kommt es natürlich immer auf den äußeren Zusammenhang an, in dem die jeweilige Situation steht. Die Lebensziele in emanzipierten Kreisen zum Beispiel sehen mit Sicherheit anders aus.

Bewegungsdarstellung ist auch Ausdruck des Zeichentempos

Es gibt Cartoonfiguren, die mit einem Minimum an Bewegung auskommen, ohne auf Körperausdruck verzichten zu müssen. Im Gegenteil, gerade weil sie sich stocksteif bewegen, wirken sie besonders komisch. Dabei gilt allerdings die Regel: Je aufwendiger das äußere Erscheinungsbild einer Figur, desto reichhaltiger sollte das Bewegungsrepertoire sein.
Dagegen ist Bewegung nicht unbedingt gebunden an eine reiche Ausgestaltung der Figur. Im Gegenteil, die Figur kann reduziert werden, bis nichts mehr übrigbleibt als ein Zeichen für reine Bewegung. Es genügt ein Strich, um die Bewegungsrichtung von Rückgrat, Gliedmaßen und Kopfhaltung anzudeuten. Erstaunlich viele verschiedene Körperhaltungen und Bewegungsmuster lassen sich so ganz schnell und einfach darstellen. *Sich hineindenken* in eine Bewegung *ist eine Sache,* die mit ziemlicher Sicherheit zu einem brauchbaren Ergebnis führt, solange man die Grundlagen der Logik nicht verläßt. *Sich hineinfühlen* in die Schwünge und den fließenden Bewegungsablauf zum Beispiel eines Rollschuhfahrers *ist eine andere Sache.* Auch sie führt zum Ziel, bei manchen Naturtalenten auch ohne jede Vorbildung. Das Ergebnis kann überzeugender sein als jede konstruktiv und mühsam entwickelte Zeichnung, auch wenn die Logik dabei etwas zu kurz kommen sollte. Wichtig ist, daß der Gesamteindruck stimmt. Das wird erreicht durch die richtige Bewegungsrichtung und durch den „Schwung“ der Zeichnung. Dabei spielt auch das Arbeitstempo des Zeichners eine gewisse Rolle. Denn Rhythmus und Duktus einer Zeichnung verraten die Ruhe oder Heftigkeit des Vorgehens durch den Zeichner. Wenn Sie daran zweifeln, machen Sie bitte folgenden Versuch: Ziehen Sie eine Reihe rhythmisch geordneter kurzer Striche nebeneinander auf dem Papier. Machen Sie dasselbe einmal ganz langsam und genau und einmal ganz schnell.
Sie werden unter anderem feststellen, daß die langsam hingemalten Striche unsicherer und wackeliger wirken, während die schnellen flott und gekonnt aussehen. Beobachten Sie bitte auch ihr Zeichengerät. Es wird sich ebenfalls unterschiedlich verhalten, verschiedene Strichstärken und verschiedene Dichten des Farbauftrags ent-

sprechend Ihrem Arbeitsrhythmus liefern. Wenn es Spaß gemacht hat, versuchen Sie nun das gleiche anhand von Bewegungsstrichen für eine Figur: einmal ganz langsame, sehr genau sitzende, und dann ganz flotte, der Bewegung entsprechend schnell hingeschriebene Bewegungslinien, so als würden Sie die Bewegung selbst mitvollziehen (was Sie ja auch tun). Gehen Sie noch weiter und versuchen Sie, eine kleine Figur in flottem Lauf darzustellen. Fühlen Sie sich hinein, „laufen" Sie mit, und zeichnen Sie im gedanklichen Laufen mit, so schnell sie können. Beschränken Sie sich auf das Notwendigste. Ergänzungen sind auch später noch möglich, denken und fühlen Sie nur mit der Bewegung. Machen Sie es wie beim Schreiben, wenn Sie ihren Gedanken schnell folgen wollen und befürchten, etwas Wichtiges zu vergessen, weil die Hand zu langsam ist.
Machen Sie sich nichts draus, wenn Sie mit den ersten Versuchen noch nicht zufrieden sind (betrachten Sie sie einen Tag später noch mal!). Haben die Ergebnisse nicht manches gemeinsam mit einer schnellen Stenographie (in Bilderzeichen versteht sich), die nun Ihren ganz persönlichen Charakter trägt? Wenn Ihnen diese Zeichensprache zusagt, sollten Sie üben, jeden Tag ein paar Minuten. Ihre zeichnerische Handschrift wird sich sehr dynamisch entwickeln, und Sie werden wahrscheinlich erstaunt darüber sein, was nun Ihr ganz persönlicher Stil zu werden beginnt.

Tonie Meilhamer

Die Wandlungsfähigkeit einer Figur

Selbstverständlich gibt es auch sanftere Charaktere unter den Cartoonfiguren, und es muß nicht unbedingt sein, daß wir beim Zeichnen ein atemberaubendes Tempo vorlegen. Im Gegenteil, es gibt Figuren, die müssen bedächtig gezeichnet werden, so bedächtig wie sie nun einmal sind, sonst verlieren sie an Persönlichkeit und Charakter. Die Stärke solcher Figuren liegt weniger in ihrer Beweglichkeit, als in ihrer Ausdrucks- und Wandlungsfähigkeit.
Dafür genügt ein schlichter Grundtyp, der in vielen Varianten abgewandelt wird und damit beliebig für verschiedene Rollen einsetzbar ist, wie es bei Loriot, Mordillo oder z. B. bei Papan (vgl. S. 16) der Fall ist.
Die hier ausgewählte einfache Figur zeigt Wandlungsmöglichkeiten bei gleichbleibender Grundstruktur. Der Grundtyp benötigt die Eigenschaft, nahezu unbegrenzt wandlungsfähig zu sein, um jede mögliche Art der Bearbeitung mit Bleistiften und Graphiten annehmen zu können.
Die Cartoonfigur gewinnt an Möglichkeiten zur weiteren Ausgestaltung, je schlichter ihr Ausgangskonzept ist. Wenn die Details schon an der Grundtype zu sehr festgelegt werden, ist die Variationsbreite später wesentlich eingeschränkt.

Tonie Meilhamer

Die Schablonenfigur: Kleine Zeichenhilfe aus der Trickkiste

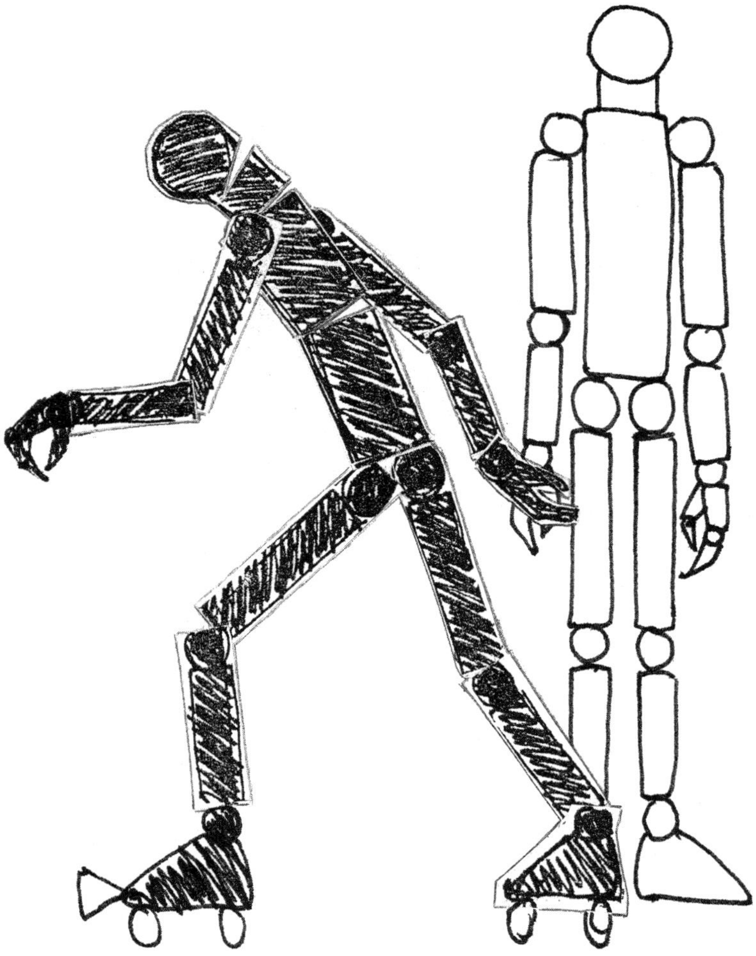

Den hier gezeigten Bewegungsdarstellungen wurde eine Gliederpuppe aus Papier zugrunde gelegt. Dazu wurde die Puppenschablone wie gezeigt geschnitten und in die gewünschte Position gelegt. Dann wurde die Figur auf Transparentpapier durchgezeichnet und weiterentwickelt.

Es gibt Zeichner, die für ihre Haltungs- und Bewegungsstudien eine Gliederpuppe verwenden – mangels geeigneten Modells. Diese Puppen sind im Fachhandel zu kaufen und können einfach durch Biegen in jede gewünschte Körperstellung gebracht werden.
Allerdings bleibt bei dieser Methode eine ganz entscheidende Teilaufgabe zu lösen übrig, nämlich die Übertragung des dreidimensionalen Vorbilds auf das flache Papier. Nebenstehend wurde eine Schablonenfigur entworfen, mit deren zerschnittenen Einzelteilen zahlreiche Bewegungsabläufe und Körperhaltungen einfach *gelegt* werden können. Wo Verkürzungen und Überschneidungen auftreten, muß übereinander gelegt werden, wo die Seite wechselt, muß das entsprechende Teil umgedreht werden. Es mag auf den ersten Blick vielleicht primitiv und lehrmeisterhaft aussehen, aber das Prinzip hat einiges für sich, vor allem dann, wenn komplizierte Überschneidungen zu bewältigen sind.
Über den in gewünschter Weise ausgelegten und geklebten Modellteilen kann nun auf Transparentpapier durchgezeichnet und je nach Bedarf variiert werden.
Vielleicht kann es dem einen oder anderen Leser doch eine Hilfe sein, in ein funktionierendes Bewegungsschema hineinzufinden.
Mit wachsender Routine wird sich der persönliche Zeichenstil ohnehin verselbständigen und auf jede Hilfsschablone verzichten können.

Anwendungsbeispiele zum Bewegungsrepertoire einfacher Figuren

Ein begeisterter Akrobat demonstriert hier extra für uns eine Reihe gymnastischer Übungen. Dem versucht die Zeichnung ihrerseits durch einen gewissen Schwung der Handschrift zu entsprechen. Das setzt einerseits eine gewisse Kenntnis anatomischer Zusammenhänge voraus, andererseits ausreichendes Training der Zeichenhand. Die Technik des „Scribbelns" (linke Seite) ist eine gute Methode, sich einer solchen Figur zu nähern, gleichzeitig fördert sie das Training durch das Mehrfachzeichnen.
Das offensichtlich vorgeschrittene Alter der Figur wird erreicht durch eine ganze Reihe von körperlich altersbedingten Attributen wie leichter Bauchansatz, Glatze mit weitgewölbtem Schädel, knotige Gelenke, dünne Arme und Beine.

Kick!

Die Figur der vorangegangenen Seiten wurde hier noch einmal aufgenommen, allerdings jetzt wesentlich verjüngt. Ihre Grundposition ist die aufrechte Haltung, die Haare wurden jugendlich verdichtet, der Bauch ist verschwunden, die Gelenke sind nicht mehr verknöchert, sondern mit sportlichen Puffern verkleidet.
Die Figur kämpft mit großen Schwierigkeiten bei der Gleichgewichtshaltung auf den Rollschuhen und erliegt schließlich ihrer unstabilen Haltung.
Um den Eindruck heftigster Bewegtheit der ganzen Szene zu verstärken, wurden die Gliedmaßen teilweise mehrfach gezeichnet (wie auch schon bei der Figur auf Seite 60). Besonders gefährdete Körperstellen wurden außerdem durch Bewegungslinien verstärkt, so daß sich die Bewegungsrichtung daraus erkennen läßt. Dabei kann übrigens folgender Grundsatz als Hilfe gegeben werden: Alle Bewegungslinien, die eine Richtung nach vorne angeben sollen, werden parallel zur Körpersilhouette gelegt. Die Richtung nach hinten wird durch Parallelen zur Standlinie dargestellt.
Nach erneuter Reinzeichnung über dem Lichttisch wurde die Figur in vornehm schwarze Schraffur „gekleidet“. Ausgestattet mit Walkman und Zigarette als Stützen eines neuen Selbstbewußtseins und in aufrechter Haltung gewinnt der kleine Sportsheld sein Selbstbewußtsein zurück.

Das Kleinkindschema als Grundlage vieler Cartoonfiguren

Das Laufenlernen ist eine schwierige Sache, die viele Erwachsene vergessen haben. Sie lächeln über die ersten Gehversuche der Kleinkinder und finden es drollig, wie sie unsicher daherwackeln und mit den Händen in der Luft rudern, um das Gleichgewicht zu halten.
Wenn die Clowns im Zirkus in ähnlicher Weise daherwatscheln, lachen wir uns halbtot - und sind uns gar nicht bewußt, daß sie nichts anderes tun, als den Laufstil der Kleinkinder nachzumachen. Die wenigsten Zuschauer wissen, daß die Clowns das nicht nur ganz zufällig so machen, sondern daß sie es systematisch gelernt und geübt haben. Es gehört übrigens auch zur Ausbildungspraxis der Schauspieler, sich das pantomimische Repertoire der Kleinkinderbewegung zu erarbeiten. Warum? Weil Erwachsene in diesem Bewegungsschema besonders witzig und komisch wirken. Und weil ihnen die Lachsalven des Publikums dafür sicher sind.
Auch Cartoonfiguren sind in der Regel keine Kinderfiguren, obwohl viele Hauptakteure aus Cartoon und Comic nach dem Kleinkindschema funktionieren - im Laufen wie auch in der Mimik. Es lassen sich nämlich herrliche Szenen damit machen. Niemand auf der Welt ist so stark im Ausdruck und so schnell zu einem Wechsel ins absolute Gegenteil fähig wie ein Kleinkind. Ein Cartoonzeichner sollte deshalb unbedingt den kleinen Kindern zuschauen und sie beobachten, so oft es möglich ist und versuchen, sich zu merken, wie sie laufen, greifen und ihre Empfindungen zum Ausdruck bringen. Gehen Sie also unbedingt zu den ganz kleinen Krabblern und den Einjährigen, die gerade das Laufen anfangen. Achten Sie auf die Proportionen vom Kopf zum Körper, vom Oberkörper zu den Beinen. Und versuchen Sie, in jeder Situation schnelle Skizzen „mitzuschreiben", als ob sie zeichnenderweise stenographieren wollten. Versuchen Sie dann, Ihre Erfahrungen auf eine kleine Cartoonfigur anzuwenden, der Sie die Physiognomie eines Erwachsenen geben. In einem großen Kinderkopf hat außerdem die Mimik entsprechend mehr Platz - der Körper kann bis zur Staffage vernachlässigt werden. Es ist immer wieder verblüffend, was daraus entstehen kann, welchen Charakter die Figur entwickelt aus der Kombination ihres Äußeren mit dem Bewegungsmodus des Kleinkinds.

Das Kleinkind dient vielen Cartoonfiguren als Vorbild, weil es in seiner Tolpatschigkeit und den Extremen seiner Gefühlsäußerungen herrliche Möglichkeiten für die Witzzeichnung bereithält. Die nebenstehende Schablone wurde als kleine Hilfe zur Darstellung von Proportion und Körperhaltung des Kleinkindes entwickelt. Mit den ausgeschnittenen Teilen kann jede gewünschte Position zurechtgelegt und auf Transparentpapier durchgezeichnet werden.

Das Kleinkindschema der vorhergehenden Seiten liegt auch diesen Frauenfiguren zugrunde, die eigentlich für andere Zwecke entwickelt wurden (Tonie Meilhamer, „Alles über Filz- und Faserschreiber“, Ravensburger Buchverlag).
Dabei wurde der Rumpf gleichgesetzt mit dem Badedress der Figur und alles übrige an dieser Vorgabe orientiert. Arme, Beine, Hals und Kopf wurden einfach angesetzt: der Badedress ist eine wundervolle Orientierungshilfe, um die Ansatzstellen für die Gliedmaßen zu finden.

Tonie Meilhamer

Mutter werden ist nicht immer ganz einfach – Mutter sein erst recht nicht. Situationen, wie sie in diesem Daseinsabschnitt der Frauen alltäglich sind, sind wie geschaffen für die Bearbeitung in Cartoon oder Karikatur – wenn es nur nicht eben diese Situationen so schwer machen würden . . .

Tonie Meilhamer

Frauenfiguren im Cartoon

Die weiblichen Figuren im Cartoon haben üblicherweise wenig zu tun mit dem Filmsternchen- und Modepüppchentyp der Supermänner-Comicwelt. Die Frauen in den Cartoons kommen wesentlich alltäglicher daher, ihre Figuren sind unvollkommen, kämpfen mit dem Übergewicht oder mit der Frisur oder mit den Klamotten, die nicht passen oder mit sonstigen „Schwächen" ihrer äußeren Erscheinung. Oder sie setzen sich darüber hinweg. Es würde jedenfalls keinen Sinn haben, hier eine perfekte Konzeption für eine „Miss Idealfigur" zu geben, höchstens für eine „Miss Cartoon" und die hat viele Gesichter – und natürlich auch viele Möglichkeiten eines Figurenkonzepts.
Anstelle eines allzu festgelegten Schablonenkonzepts für eine weibliche Cartoonfigur sind deshalb hier und auf den folgenden Seiten einige Beispiele einer etwas fülligeren Dame zusammengestellt. Mollig ist schließlich auch schön – nicht nur zum Anschauen, sondern auch zum Zeichnen.

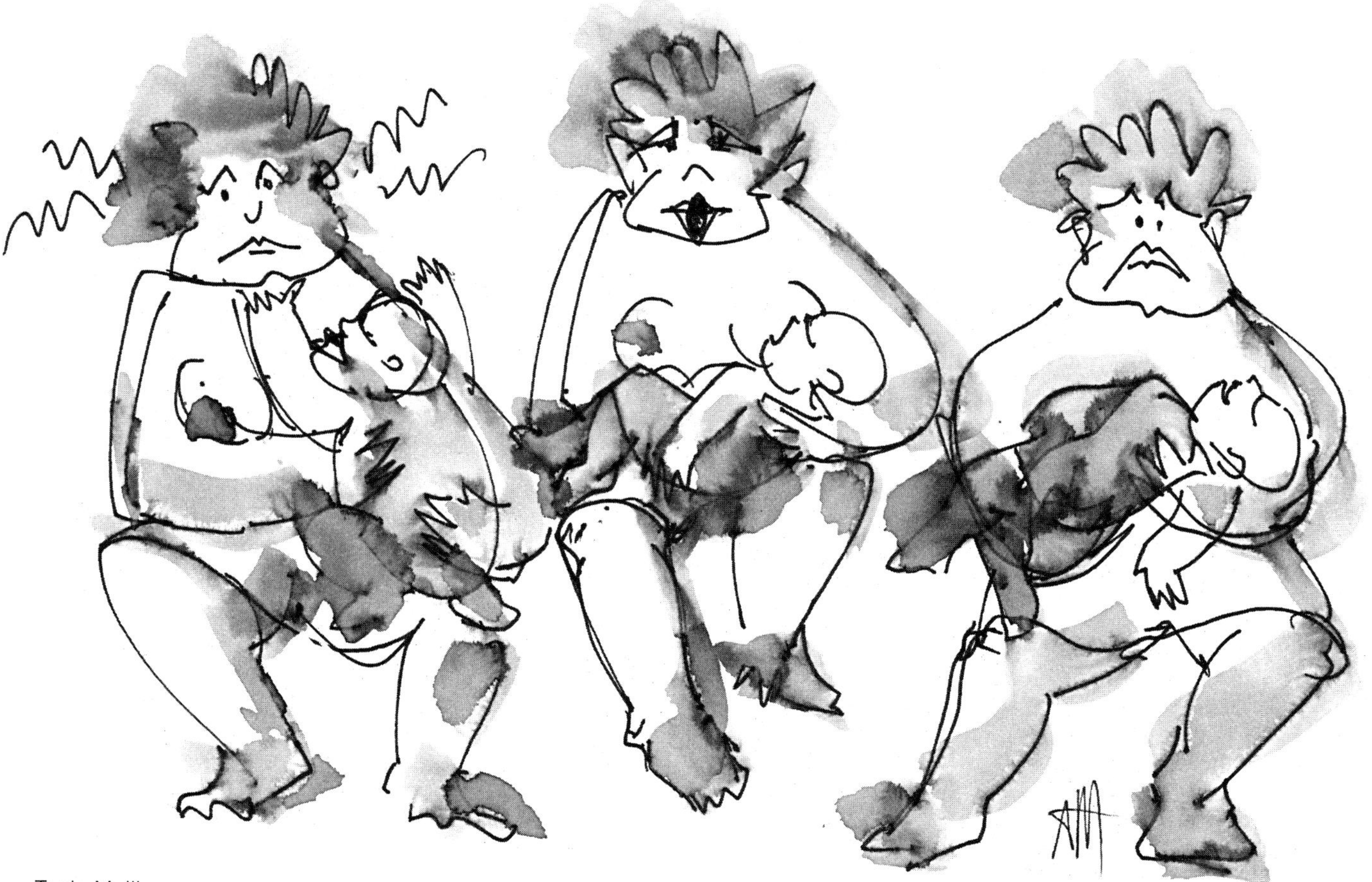

Tonie Meilhamer

Tonie Meilhamer

Wie wahrscheinlich bei den allermeisten Cartoonistinnen, die sich mit ähnlichen Themen befassen, entstanden auch diese Arbeiten mitten aus einer authentischen Situation heraus, in diesem Fall mit Baby auf dem Arm. Solche Zeichnungen kommen oft nur unter Aufwendung aller Willenskraft zustande. Man bzw. frau ist müde, die Zeit knapp und das Kind macht jederzeit seine eigenen Bedürfnisse geltend. Als Material dient deshalb oft einfach das Nächstbeste, Einfachste und Effektivste. In diesem Fall war es ein wasserlöslicher Feinschreiber, der anschließend laviert wurde.

Tierfiguren und ihre Rolle im Cartoon

Wege zum Tierezeichnen gibt es ebenso viele wie zur Figurendarstellung. Im Prinzip liegen die Methoden dazu gar nicht so weit auseinander. Wenn man sich klarmacht, daß der Bewegungsapparat aller Vierbeiner und Vogelarten auf einem ähnlichen Mechanismus beruht wie der des Menschen, ist es verhältnismäßig einfach, Tiere oder Tierfiguren einigermaßen glaubhaft darzustellen. Richtig zeichnen ist ja weitgehend eine Frage des Verständnisses für Aufbau und Funktion – und damit weitgehend lernbar. In diesem Zusammenhang darf hier auf entsprechende Fachliteratur zum Tierezeichnen und zum Einsatz zeichentechnischer Methoden verwiesen werden (Näheres zu diesem Thema findet sich auch in: Tonie Meilhamer, „Grundkurs Tiere zeichnen", erschienen im Ravensburger Buchverlag).

Jo Linkert

Was für die Tierzeichnung im Cartoon bleibt, ist Abstraktion, Übertreibung, Understatement, Reduktion, Verfremdung. Das aber sind Gestaltungsprinzipien, die auf jeden denkbaren Gegenstand der Cartoonzeichnung anwendbar sind.
Eine andere Frage ist die inhaltliche. Warum kommen Tiere überhaupt vor im Cartoon? Welche Rolle spielen sie in diesem Zusammenhang? Es scheint sehr verschiedene Existenzformen für Tiere im Cartoon zu geben, das wird schon bei oberflächlicher Betrachtung einschlägiger Beispiele sehr schnell klar.
Die unspektakulärste Art der Tierdarstellung im Cartoon ist die Beschreibung ihrer Rolle als Begleiter menschlicher Figuren.
„Wie der Herr – so 's G'scherr" sagt ein altes Sprichwort, und in gewisser Weise mag das auch auf das Verhältnis zwischen dem Menschen und seinen Haustieren zutreffen, vor allem aber auf sein Verhältnis zum Hund.
Manchmal ist es wirklich verblüffend, festzustellen, wie sich Hund und Herr oder Frau in ihren Temperamenten und auch dem äußeren Erscheinungsbild nahe kommen. Dazu kommen Gewohnheiten und Verhaltensweisen, die dem Tier beigebracht werden und ihrerseits Rückschlüsse auf den Tierhalter oder die Halterin zulassen. Was also läge näher, als den Schoßhund dazu heranzuziehen, sein Herrchen oder Frauchen deutlicher zu skizzieren? Damit ist doch der Cartoonfigur ein Attribut gegeben, das äußerst geeignet ist, ihren Charakter noch einmal zu unterstreichen. Die Tierfigur im Cartoon kann ein herrliches Transportmittel sein für alle Arten von Klischees, um ihren Besitzer näher zu beschreiben.

Jean Marc Reiser

Peter Gaymann

Cartoons arbeiten vielfach auch mit phantastischen Inhalten. Sie nehmen die Tierfigur als Metapher für den Menschen. Da überschreiten die Tiere schon mal ihre Grenzen, um in die Welt des Menschen einzutreten. Sie nehmen sein Verhalten und vor allem sein Sprachvermögen an, ohne die ihnen eigentlich zugewiesene Rolle als Haustiere zu verlassen, und beginnen einfach zu sprechen. *F. K. Waechter* zum Beispiel verwendet gern Tierfiguren dieser Kategorie in seinen Cartoons (siehe Abbildung auf Seite 12).
Aber auch Tiere untereinander erhalten im Cartoon die Chance, sich sprachlich zu verständigen. Der Zeichner sorgt lediglich durch „deutsche Untertitel" für die Übersetzung ihres Dialogs. Ein treffendes Beispiel hierfür sind *Jean Marc Reisers* Schweine und ihre „säuischen" Gewohnheiten (Abbildung links).
Manche Cartoonisten setzen Tiere unmittelbar stellvertretend für den Menschen ein. *Peter Gaymann* zum Beispiel ist mit seinen Hühnern bekanntgeworden, die als handelnde Subjekte die Stelle des Menschen vertreten. Der Erfolg seiner Hühnergeschichten liegt in den zahlreichen Parallelen ihrer Lebensbedingungen zu denen der menschlichen Gesellschaft. Da gibt es zum Beispiel die berühmte Hackordnung, dann den Hühner-Harem, dem das betonte Don-Juan-Gehabe des Gockels gegenübersteht, oder die Gluckengebärden der Hennen und viele andere (vergleichsweise menschliche) Verhaltensweisen mehr. Aber auch die Lebensumstände, wie zum Beispiel Freiland- oder Käfighaltung, sind denen der menschlichen Gesellschaft gut vergleichbar. Das Ei als das Produkt von Fortpflanzung und Arbeit gleichzeitig ist ein satirisch-witzig äußerst vielseitig verwendbarer Gegenstand für einen Cartoonisten. Mit Hilfe seines Hühnervolks kann Gaymann manchen Witz realisieren, der in menschlicher Umgebung gar keiner wäre (siehe dazu Abbildung oben und Seite 73).
Noch deutlicher als Peter Gaymann arbeitet *Loriot* mit den Tieren, indem er sie einfach ihre Rollen mit denen der Menschen tauschen läßt.
Da führt der Hund den Herrn an der Leine, während er selber aufrecht geht. Loriots Umkehrung der Lebensbedingungen von Mensch und Hund, parallel der Umkehrung des Verhältnisses von Herr und Knecht, läßt Machtverhältnisse überhaupt erst richtig erkennen. Vieles ist ja in der gewohnten Sichtweise nur allzu alltäglich und darum nicht mehr erkennbar als ein Zustand von Abhängigkeit und Herrschaft, von Gewohnheit und Trägheit, von Gefangenschaft und Bequemlichkeit. Erst wenn die Dinge in Gestalt des im Regelfall vom Menschen abhängigen Tieres auf den Kopf gestellt werden, werden die Dinge wieder klar und eindeutig.
Das Tier im Cartoon übernimmt damit eine ganz klare Funktion, nämlich die Dinge in der Entfremdung ihrer normalen Verhältnisse wieder ins Bewußtsein zu bringen, damit sie aus neuer Sicht betrachtet werden können.

Regula Hartmann

Regula Hartmann verzichtet in diesem aussagestarken Cartoon vollkommen auf die Gestaltung des Hintergrunds: an seiner Stelle befindet sich nur leere Fläche. Dagegen setzt sie den Bildrahmen und die verschnörkelte Sprechblase bewußt dafür ein, die gekünstelte Heuchelei der beiden Hauptakteure darzustellen. Ihre schamlose Kumpanei entlarvt sie überdies noch durch eine gemeinsame Umrißlinie für ihre Gestalten.

Die Hintergründe der Hintergrundgestaltung

Cartoons reduzieren ihre Aussage gewöhnlich auf das unbedingt Notwendige. Von daher erklärt sich von selbst, daß bei vielen Witz- und Cartoonzeichnungen der Hintergrund einfach weggelassen wird. Er ist nicht unbedingt notwendig, und mit Illustration hat ein Cartoon wenig zu tun. Warum? Weil ein Cartoon die bildhafte Erzählung eines Witzes ist. Und ein Witz verliert an Prägnanz und Treffsicherheit, wenn zu weit ausgeholt, sprich: illustriert wird, um zur Pointe zu kommen. Der Zuhörer bzw. der Leser darf weder abgelenkt noch gelangweilt werden, sonst wird der Witz nicht aufgenommen. Deshalb sind Hintergründe im Cartoon oft gar nicht vorhanden, es sei denn, sie haben eine ganz klare Funktion für die Pointe.
Zeichnerische Erzähltalente bringen es fertig, den Bildhintergrund zum Schauplatz einer oder sogar mehrerer Nebenhandlungen oder gar zum eigentlichen Gag zu machen.

„Ich finde, wir sollten uns einmal über die Tapete in diesem Raum unterhalten."

Eric Liebermann

Eric Liebermann versteht sich in virtuoser Weise auf die Tricks des Mediums Cartoon – wie hier in diesem Beispiel. Er hebt einfach die optische Trennung von Vorder- und Hintergrund auf, indem er den kleinen Kreis als Symbol für den Pingpongball einfach in annähernd der gleichen Größe übernimmt als Zeichen für die Kringeltapete. So perfekt kann die Grenze zwischen Realität und Vision eigentlich nur mit den Mitteln von Zeichenstift und Papier erreicht werden.

Eine andere Ebene der Hintergrundgestaltung pflegt zum Beispiel *Mordillo.* Er zeichnet gern eine zweite Realität für seine Figuren. Da rennt die Giraffe mit ihrem langen Hals gegen den Mond, ein Häftling zeichnet sich seine Gefängnismauer selber, während ein anderer sich mit dem Zeichenstift seine Ausbruchslücke an die Wand der Zelle zaubert - und hindurchgeht.
Solche gezeichneten Cartoonfiguren bemächtigen sich der Realität des Zeichners, in dem sie ihrerseits zum Zeichenwerkzeug greifen und ihre Welt selber weiterzeichnen. Das Ergebnis steht jeweils auf derselben Realitätsebene wie die Figuren selbst, nämlich buchstäblich auf dem gleichen Stück Papier wie diese, und darum wirkt es zwingend glaubhaft - ein bezauberndes Spiel zwischen Traum und Wirklichkeit, wo die Grenzen dazwischen einfach nicht existieren. Kleine Gags? - Ja, natürlich. Aber nicht sensationell und nicht illustrativ. Diese Gags sind gut für Überraschungen und für einen Moment des Innehaltens, wo wir doch so genau zu wissen glauben, was Wirklichkeit ist und bedeutet. Plötzlich sind wir konfrontiert mit einer anderen Ebene, womöglich einer anderen Dimension: Was wäre, wenn...?
Aber mehr noch, es gibt Hintergründe, die zum Hauptakteur eines ganzen Cartoons aufrücken. An manchen von ihnen zeigt sich durchaus das Verhältnis des Zeichners zur Welt, zur Realität und überhaupt zum Dasein.

Peter Kaste

◁ Peter Kaste hat in diesem Beispiel sein Werkzeug abgegeben an seine gezeichnete Figur - nicht etwa, um sie in ihre eigene Welt selbständig zu entlassen, sondern um mit ihrer Hilfe eine zweite - und eine dritte - Realität zu schaffen. Die Cartoonfigur denkt - aber der Zeichner lenkt...

▷ Sajtinac zählt zu den „schwärzesten" und gleichzeitig zu den künstlerisch anspruchsvollsten Zeichnern auf dem Gebiet des Cartoons. Stellenweise überschreitet er sowohl technisch als auch inhaltlich die Grenze zur surrealistischen Kunst. Wie hier zum Beispiel, wo er einen Schlafenden zusammenschmelzen läßt bis auf den Kopf, um ihn dann nicht im Hintergrund, sondern im Untergrund des Geschehens tonnenschwer versinken zu lassen.

Sajtinac

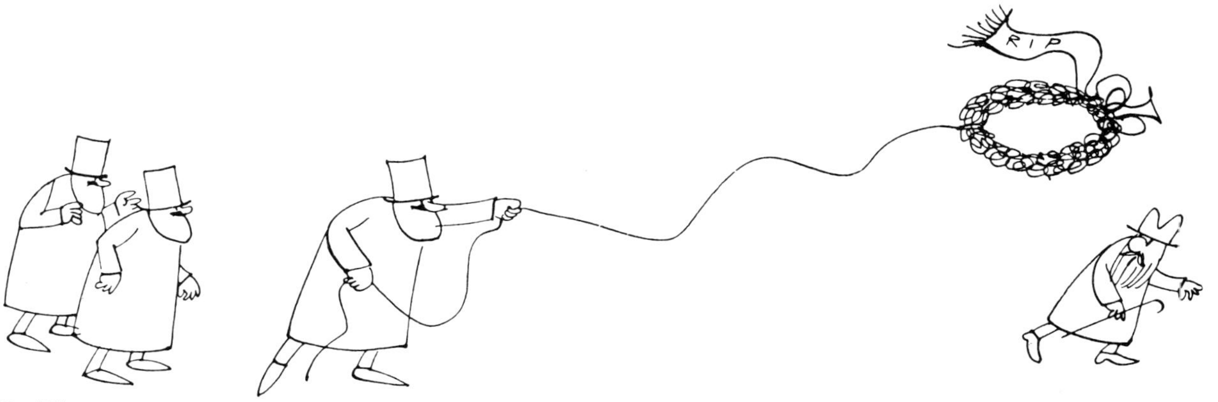

Paul Flora

Paul Flora und Bohumil Stepan sind nicht umsonst in die Sammlung der „Cartoon Classics" des Diogenes Verlags aufgenommen worden. Mit der überzeugenden Schlichtheit ihrer Mittel gehören sie sicherlich zu den Vätern des „klassischen Cartoons".

Bohumil Stepan

Die Welt ist künstlich

Die Welt des Cartoons ist nicht nur unvollkommen, gelegentlich ist sie auch künstlich oder wie aus Pappe. Der Schein der Realität ist manchmal trügerisch, und nicht alles kann für bare Münze genommen werden, was sich als real ausgibt.

Der Sinn vieler Cartoonisten für Nonsens mag aus dieser Ecke kommen. Ihre Figuren haben manchmal viel gemeinsam mit kleinen Philosophen, die, ihrerseits unvollkommen, abgeschlafft und unbeholfen, sich um so liebenswerter und beliebter machen.

Cartoons - und Cartoonisten - gehören nicht zu den großen Kulturoptimisten, o nein. Aber sie halten mutig und verbissen daran fest, daß ihre Realität auch eine ist, neben der anderen. Oder darüber oder dahinter. Sie scheuen sich jedenfalls nicht, etwas dagegenzusetzen gegen das, was Realität genannt wird. Denn was ist schon real? - Was kann uns die Wirklichkeit wirklich geben? - Und wie viele andere Wirklichkeiten existieren da noch - die wir nur nicht bereit sind, als solche wahrzunehmen und zu akzeptieren? Da ist es bloß gut, daß wir sie haben, die Cartoons: sie halten uns alle Wege in andere Realitäten noch offen.

▷ F. K. Waechter schließlich entläßt uns mit dem Blick auf eine blumige Welt in die Ironie unserer romantischen Anwandlungen. Hätten wir sie nicht - wir könnten die besten aller Cartoons wahrscheinlich gar nicht verstehen.

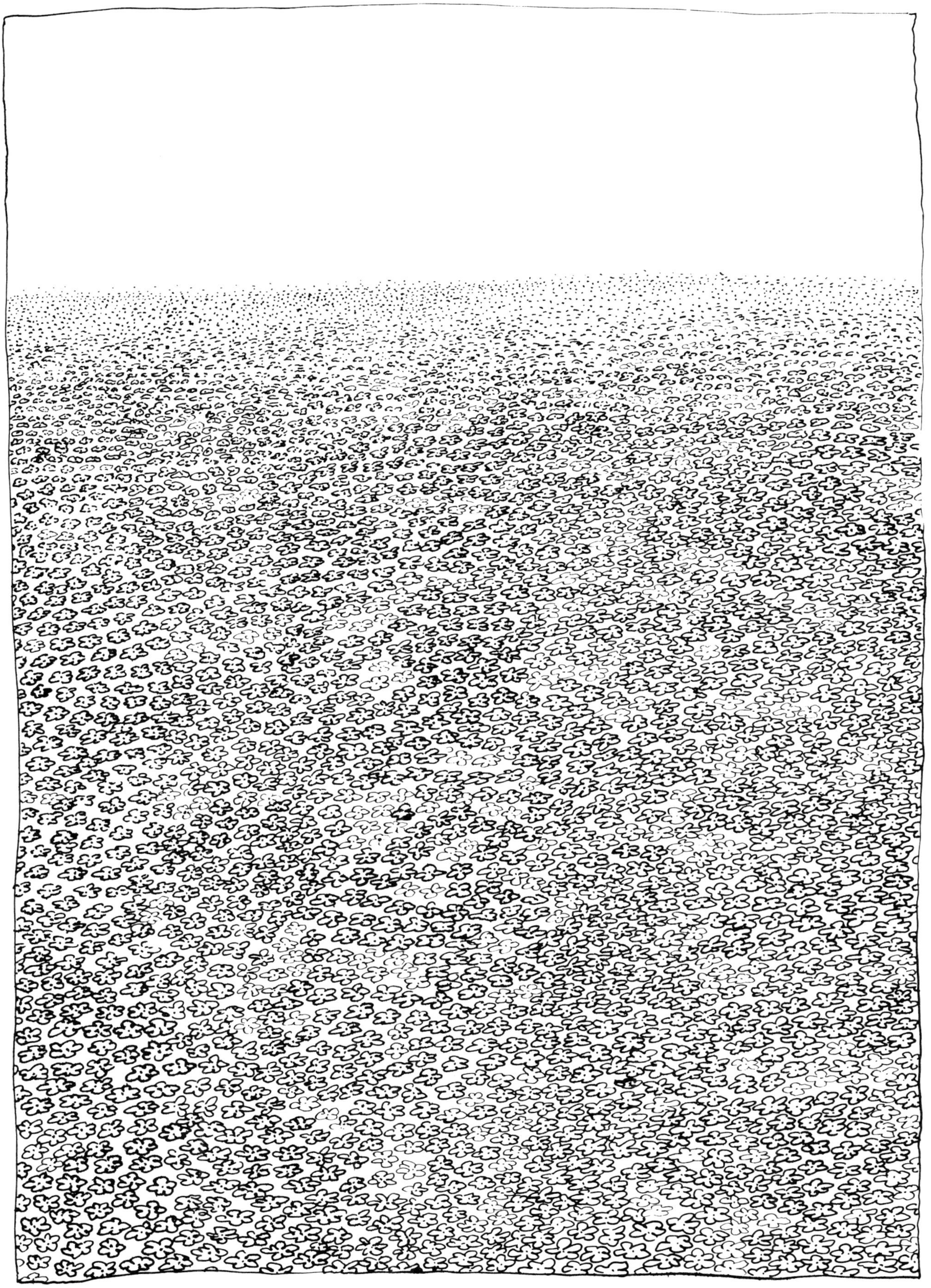

Die Wiese war über und über mit Blumen bewachsen

F.K. Waechter

Bildquellenverzeichnis

Seite 6: e.o. plauen, „Hoffnungsloser Fall".
© Südverlag GmbH Konstanz 1982
Mit Genehmigung der Gesellschaft für Verlagswerte GmbH, Kreuzlingen/Schweiz

Seite 7: Olaf Gulbransson, Illustration aus Ludwig Thoma, „Lausbubengeschichten"
© by Albert Langen Georg Müller Verlag GmbH, München in der F.A. Herbig Verlagsbuchhandlung GmbH, München

Seite 7: Charles M. Schulz, „Nobody likes me".
© 1957, 1958, 1959 by United Feature Syndicate, Inc.

Seite 8: Horst Haitzinger, „Und jetzt nehmt euch ein Beispiel..." © Horst Haitzinger

Seite 8: Jan Thomaschoff, o.T. © Jan Thomaschoff

Seite 9: Marie Marcks, „Meinst du, daß das deiner beruflichen Karriere dient?..." © Marie Marcks

Seite 10: (1) Uderzo, Goszinny, „Asterix"
(2) Marvel Comics: „Captain America"
(3) Marvel Comics: „Titania"
Mit freundlicher Genehmigung der Lizenz- und Presseagentur Hans-Werner Fuchs, Stuttgart
(4) Walt Disney, „Micky und Goofy"
© The Walt Disney Company

Seite 11: „Die Trabantenstadt", Ausschnitt aus einem Asterix-Band
Mit freundlicher Genehmigung der Lizenz-und Presseagentur Hans-Werner Fuchs, Stuttgart

Seite 12: F.K. Waechter, „Die Welt ist unvollkommen"
© Friedrich Karl Waechter

Seite 14: Claire Bretécher, o.T.
aus: Claire Bretécher, „Die Mütter"
Copyright © 1983 by Rowohlt Verlag GmbH, Reinbek bei Hamburg

Seite 15: Hogli, „Na so ganz allein hier?"
© Amelie Glienke

Seite 16: Papan, „Gehören Sie auch zu den Leuten...", „Guckt doch keiner!!", „Wenn Sie mehr über sich wissen wollen..." © M.v. Papan

Seite 19: F.K. Waechter, „Also gut, ich habe..."
© Friedrich Karl Waechter

Seite 20: Heinz Langer, o.T.
Cartoon Caricature Contor, München

Seite 20: Eric Liebermann, o.T.
Cartoon Caricature Contor, München

Seite 20: Papan, o.T. © M.v. Papan

Seite 20: Peter Gaymann, o.T.
aus: Peter Gaymann, „Hühner auf Reisen"
© Fackelträger-Verlag, Hannover 1987

Seite 21: Paul Flora, o.T.
aus: Paul Flora, „Trauerflora"
© 1981 by Diogenes Verlag AG, Zürich

Seite 21: Franziska Becker o.T.
aus: Franziska Becker, „Power"
© 1983 by Diogenes Verlag, AG Zürich

Seite 23: Drechsel, o.T.
© Ekkehard Drechsel, c/o Ravensburger Buchverlag

Seite 24: Burkhard Fritsche, „Ich sage einfach zu mir..."
aus: „Beziehungskisten", Elefanten Press
© Elefanten Press, Berlin

Seite 45: Dik Browne, „Hägar der Schreckliche - Eheglück"
Mit freundlicher Genehmigung des Bulls Pressedienst, Frankfurt

Seite 46: Franziska Becker, o.T.
aus: Franziska Becker, „Power"
© 1983 Diogenes Verlag AG, Zürich

Seite 47: Peter Gaymann, „Wissen Sie..."
aus: Peter Gaymann, „Huhnstage"
© Fackelträger Verlag, Hannover 1983

Seite 48: Stefan Mittag, „Für Charles M. Schulz" und „Für Erik Liebermann"
aus: „Auf den Schlips getreten" - Achtundvierzig geniale Fälschungen von Stefan Mittag, Lappan Verlag
© Lappan Verlag, Oldenburg

Seite 49: Stefan Mittag, „Für Claire Bretécher"
aus: „Auf den Schlips getreten" - Achtundvierzig geniale Fälschungen von Stefan Mittag, Lappan Verlag
© Lappan Verlag, Oldenburg

Seite 56/57: Abbildungen aus: Meilhamer, „Alles über Bleistifte"
© Ravensburger Buchverlag Otto Maier GmbH

Seite 66/70: Abbildungen aus: Meilhamer, „Alles über Filz- und Faserschreiber"
© Ravensburger Buchverlag Otto Maier GmbH

Seite 71: Jo Linkert, o.T.
Cartoon Caricature Contor, München

Seite 72: Jean Marc Reiser, „Was hab ich denn..."
aus: „La Vie des Bêtes"
© Reiser und Editions Albin Michel
c/o Becker-Derouet, Hamburg

Seite 73: Peter Gaymann, „Gerlinde, Erika..."
© Peter Gaymann

Seite 74: Regula Hartmann, „Mama du bist doch..."
Cartoon Caricature Contor, München

Seite 75: Eric Liebermann, „Ich finde, wir sollten..."
Cartoon Caricature Contor, München

Seite 76: Peter Kaste, o.T.
Cartoon Caricature Contor, München

Seite 77: Sajtinac, o.T.
Cartoon Caricature Contor, München

Seite 78: Paul Flora, o.T.
aus: Paul Flora, „Trauerflora"
© 1981 by Diogenes Verlag AG, Zürich

Seite 78: Bohumil Stepan, o.T.
Mit freundlicher Genehmigung von Hana Stepan

Seite 79: F.K. Waechter, „Die Wiese war über und über..."
© Friedrich Karl Waechter